천국과 지옥, 반드시 있습니다

천국과 지옥, 반드시 있습니다

16번의 입신으로 하나님 나라를
직접 본 중보기도자의 증언

유혜은 지음

카리스

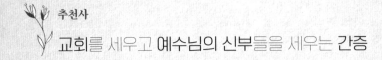

추천사
교회를 세우고 예수님의 신부들을 세우는 간증

모든 사람은 누구나 한 번은 죽는다. 하지만 그 이후에는 하나님의 심판이 있다. 이는 하나님이 정하신 일이다.

한번 죽는 것은 사람에게 정해진 것이요 그 후에는 심판이 있으리니(히브리서 9:27)

오늘날 육신의 죽음 이후에 영원한 천국과 지옥이 기다리고 있다는 사실을 믿는 사람들이 얼마나 될까? 심지어 교회에 출석하는 신자들 가운데 과연 얼마나 이 진리를 두려워하는 마음으로 마음에 새기면서 살고 있을까? 예수님을 믿는 신자들이 이 땅에서의 삶이 전부가 아니라 죽음 이후에 주님의 백보좌 심판(白寶座 審判, 요한계시록 20:11)이 있다는 것과 자신이 영원한 천국과 영원한 지옥 중 한 곳으로 가야 한다는 사실을 진실로 믿는다면 그들의 삶은 근본적으로 달라지게 될 것이다. 이런 의미에서 예수님을 참으로 사랑하는 유혜은 전도사가 경험한 천국과 지옥 간증을 담은 『천국과 지옥, 반드시 있습니다』는 교회 마당만 밟는 종교적인 그리스도인들이 반드시 읽어보고, 자신의 신앙 상태를 점검해 보아야 할 책이다.

유혜은 전도사는 필자가 담임하여 섬기는 세종그나라교회의 사역자다. 그녀는 늘 순수한 마음으로 오직 주님만 사랑하는 예수님의 신부로 살기를 원하는 성도이자 필자의 사랑하는 여동생이기도 하다. 유 전도사는 세종그나라교회에서 필자와 함께 오직 주님 한 분만 구하는 30일 작정기도 중 29일째 되는 날 처음으로 천국과 지옥을 체험했다. 이날 이후로 주님은 유 전도사에게 총 열여섯 번이나 천국과 지옥을 보여주셨다. 그리고 천국과 지옥에서 그녀가 보고 들은 것을 반드시 교회와 세상 사람들에게 전할 것을 말씀하셨다. 그 주님의 명령에 순종하기 위해 이 책을 출간하게 된 것이다.

본서를 한국 교회와 성도들에게 자신 있게 추천하는 이유와 아울러 당부의 말씀을 드리고자 한다.

첫째, 유 전도사의 천국과 지옥 간증은 참으로 성경적이다. 시중에 나와 있는 천국과 지옥에 대한 간증 도서들도 귀하지만, 어떤 간증들은 너무 신비주의적이거나 자신의 자랑을 드러내기도 했다. 그러나 유 전도사의 간증들은 대부분 성경의 기준에 벗어나지 않았다. 예를 들어, 그녀가 본 생명수 강은 요한계시록의 새 예루살렘의 모습에 근거한 것이다. 이런 점에서 이 책은 오직 주님만 높이고 자랑한다고 확신한다.

둘째, 유 전도사의 천국과 지옥 간증은 교회를 세우고 예수님의 신부들을 세우는 데 유익하다. 주님이 그녀에게 보여주신 장면과 들려주신 말씀은 대부분 이 땅의 교회와 성도들에게 경각심을 일깨워준다. 그래서 그들로 하여금 참다운 교회와 예수님의 신부가 되도록 준비시키려는 목적이 있음을 알 수 있다.

마지막으로 본서를 읽는 독자들에게 당부의 말씀을 드리고 싶다. 그것은 본서에 대해 지나친 신학적 판단을 자제해 달라는 것이다. 본서는 유 전도사의 생생한 개인적 체험의 은혜를 나누기 위한 간증서이지, 천국과 지옥에 대한 신학적 시비를 가리기 위한 책이 아니다. 그러므로 본서를 각자의 신학적 잣대로 접근하기보다 예수님의 신부로서 주님 다시 오실 날을 예비하도록 부탁하는 당부로 이해해 주기 바란다.

천국과 지옥 체험에 대한 각자의 신학적 견해는 다를 수 있다. 그러나 사도 바울도 주님의 은혜로 삼층천(三層天) 체험을 했다는 사실을 밝힌 것에 인정한다면 본서를 따뜻하고 열린 마음으로 대할 수 있을 것이며, 나아가 본서를 통해 독자들은 경건의 큰 유익을 얻을 수 있을 것이다. 거듭 본서를 통해 한국 교회가 세워지고 예수님의 신실한 신부들과 일꾼들이 세워지기를 기대해 본다.

무익하나마 내가 부득불 자랑하노니 주의 환상과 계시를 말하리라 내가 그리스도 안에 있는 한 사람을 아노니 그는 십사 년 전에 셋째 하늘에 이끌려 간 자라 (그가 몸 안에 있었는지 몸 밖에 있었는지 나는 모르거니와 하나님은 아시느니라) 내가 이런 사람을 아노니 (그가 몸 안에 있었는지 몸 밖에 있었는지 나는 모르거니와 하나님은 아시느니라) 그가 낙원으로 이끌려 가서 말로 표현할 수 없는 말을 들었으니 사람이 가히 이르지 못할 말이로다 내가 이런 사람을 위하여 자랑하겠으나 나를 위하여는 약한 것들 외에 자랑하지 아니하리라 (고린도후서 12:1-5)

이 책을 통해 영광 받으실 삼위 하나님을 소망하며
유석영

천국과 지옥을 체험하면서 주님의 눈물을 보았습니다

샬롬!

필자는 아무런 자격도 없고 아무런 공로도 없으며, 연약한 질그릇 같은 사람입니다. 그러한 내게 열여섯 번이나 천국과 지옥을 볼 수 있는 '입신의 은혜'를 허락하신 주님께 영광을 돌립니다. 그리고 나의 간증을 통해 오직 주님 한 분만 높임을 받으시길 원합니다.

필자는 여느 때처럼 교회 강대상에서 무릎 꿇고 기도하고 있었습니다. 기도하던 중에 '30'이라는 숫자를 주님이 환상으로 보여주셨습니다. '아! 30일을 작정하고 기도하라고 하시는구나'라고 생각하면서 교회 유아실에서 30일 동안 자면서 작정기도를 시작했습니다.

담임목사님이 매일 한 번씩 안수기도를 해 주었는데, 29일째 되던 날에도 목사님은 다른 날처럼 필자의 머리에 손을 얹고 간절히 기도해 주던 중 나는 '입신(入神)'이라는 귀한 하나님의 은혜를 입게 되었습니다. 평소처럼 목사님의 안수기도를 받고 있었는데, 핑 도는 듯한 느낌과 함께 쓰러졌습니다. 그 순간 내 영이 육체를 빠져나와 교회 천장에 떠 있었고, 누워 있는 나의 모습이 보였습니다.

목사님은 필자를 위해 계속 기도하고 있었습니다. 나는 놀란 나머지 "주님!" 하고 불렀는데, 내 영이 교회 천장을 뚫고 계속 올라가는 것이 느껴졌습니다. 한반도가 점점 멀어져 보이고 어느새 지구 밖으로 나온 내 영은 지구를 바라보고 있었습니다. 그러고 나서 계속 위쪽으로 올라갔습니다. 그런데 악한 영들, 즉 마귀들이 가는 길을 방해하기 위해 공격하려고 다가오는 것이 느껴졌습니다. 겁이 많았던 나는 자신도 모르게 "주여!" 하고 기도하기 시작했습니다.

그러자 천사들이 나를 둘러싸면서 악한 영들에게 불화살을 쏘기 시작했습니다. 악한 영들이 모두 쓰러진 후 천사들이 나를 호위하면서 계속 올라갔습니다. 어느 시점에 다다르자 휘황찬란한 문이 보였습니다. 그때 처음으로 입을 떼고 천사들에게 물어보았습니다.

"저 아름다운 문은 뭐예요?"

"그것은 천국으로 들어가는 문입니다."

천사가 물음에 대답해 주었습니다. 그제야 나는 입신하여 천국에 온 것임을 깨닫게 되었습니다.

주님은 나에게 천국과 지옥을 모두 보여주셨고, 세상 사람들에게 반드시 전하라고 말씀하셨습니다. 그리고 천사들을 나와 함께 세상에 보내시면서 "사랑하는 딸을 잘 호위해 주거라"라고 말씀하셨습니다.

올라갈 때처럼 내려올 때도 천사들의 호위를 받으며 지구로 오는데, 내려올 때는 올라갈 때보다 훨씬 빠르다는 걸 느낄 수 있었습니다. 어느 정도 내려오니 멀리 지구가 보였고, 지구 안으로 들어오니 대한민국 영토가 보였습니다. 흡사 스마트폰의 지도를 확대하는 것처럼 세종시가 보이고 우리 교회도 보였습니다. 순간 나는 기도하던 자리로 돌아와 내 영이 육체 속으로 들어온 것을 깨닫게 되었습니다. 호위하던 천사들은 내 영이 몸에 들어온 것을 확인하자 "성도님 수고가 많았습니다"라고 인사하고 천국으로 가는 게 느껴졌습니다.

눈을 뜬 후 목사님께 내가 얼마나 오랫동안 이렇게 있었는지 물어보았습니다. 목사님은 한 시간 반이 넘었다고 했지만, 나는 그 시간이 20~30분 정도로 느껴졌습니다. 그 이후로 주님은 내게 더 자주 천국과 지옥 체험을 허락하셨습니다.

모두 열여섯 번에 걸쳐 천국과 지옥을 체험하면서 주님의 눈물을 보았습니다. 구원이 오직 예수님께만 있음에도 불구하고 그 진리를 믿지 않는 수많은 사람들이 심판을 받아 지옥에서 영원토록 고통당하고 있었는데, 주님은 그들을 보시고 애통해하면서 눈물을 흘리셨습니다. 그런 주님을 뵙고 나는 이 책을 쓰지 않을 수 없었습니다.

나는 이 간증을 통해서 믿지 않았던 분들이 예수님을 믿고 지옥이 아닌 천국으로 가기를 간절히 바랍니다. 또 교회에 출석하고 있는 성도들은 예수님을 온전히 믿고 알곡이 되어 신랑이신 예수님의 정결한 신부들로 준비되기를 소망합니다. 이 책의 간증을 통해 주님의 마음이 조금이나마 전해지고, 그분의 사랑과 영광만 드러나기를 기도합니다.

2023년 3월
유혜은

차례

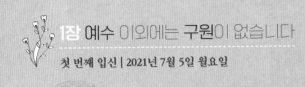

30일 작정기도와 첫 번째 입신

2021년 6월 초부터 하나님께 30일 작정기도를 하고 있었습니다. 나에게 여러 가지 기도 제목이 있었지만, 가장 큰 기도 제목은 하나님의 얼굴을 구하는 것이었습니다. 예수님 한 분만으로도 가장 행복한 사람이 되고 싶었습니다. 또 개인적으로 천국과 지옥을 다녀와서 간증하는 분들처럼 나도 천국과 지옥을 꼭 보고 싶어서 기도하고 있었습니다.

그러던 중 작정기도 29일째 되는 날이었는데, 평소처럼 교회에서 기도할 때 담임목사님이 입신을 위한 안수기도를 해 주셨습니다. 그때 갑자기 내가 자신의 몸을 빠져나오는 듯한 기분을 느꼈습니다. 이내 내 모습이 보이고 하늘로 올라가니 지구의 모습이 보였습니다. 그리고는 이제 지구의 영역을 훨씬 벗어나 있다는 것을 알게 되었습니다.

공중의 권세 잡은 악한 영들

하늘로 올라가는 도중에 공중의 권세 잡은 악한 영들을 보았습니다. 이들은 아주 흉악하게 생긴 공룡의 모습과도 같아 보였는데, 마치 사람처럼 서 있으면서 청개구리 같은 색깔을 띠고 있었습니다. 이 악한 영들은 내가 올라가지 못하도록 방해했지만, 곧 천사들이 나타나 불화살을 쏘자 악한 영들이 쓰러지면서 떨어지는 것이 보였습니다. 나는 점점 지구에서 멀어지게 되었고, 위쪽으로 계속 올라가는 느낌을 받았습니다.

천국 문에 이르다

이 순간부터는 굉장한 속도로 올라가서 어지러운 느낌이 들 정도였습니다. 조금 뒤 어딘가에 다다른 듯한 느낌이 들었는데, 천국 문 앞에 오게 된 것입니다. 마음이 너무나 편안하고 세상에서는 볼 수 없었던 매우 예쁜 꽃들이 나를 보고 활짝 웃으면서 인사를 하고 있었습니다. 목이 너무 말라 생명수 강가에서 실컷 물을 마셨는데, 말로 표현 못할 시원함을 느낄 수 있었습니다.

또 그가 수정같이 맑은 생명수의 강을 내게 보이니 하나님과 및 어린 양의 보좌로부터 나와서 (요한계시록 22:1)

천국에서 베드로를 만나다

천국 문에 다다르자 베드로 사도가 나와서 나를 맞이해 주었습니다. 함께 이야기하는 가운데 베드로는 나에게 예수님을 십자가에 못 박았던 시대와 지금이 다를 바 없다고 했습니다. 주님이 재림하실 마지막 때가 가까이 왔기 때문에 오히려 이 세대가 더욱 악한 세대이며, 참된 진리에 대해서는 조금도 관심이 없는 세대라고 했습니다. 그러면서 베드로 사도는 내게 중보기도자의 사명을 잘 감당하라고 당부한 후 예수님께 인도해 주었습니다.

예수님 손의 큰 못 자국

그때 예수님이 나를 기쁘게 맞아주시면서 내 손을 꼭 잡아 주셨습니다.

예수님: 사랑하는 딸아! 천국에 잘 왔구나. 내가 그대를 기다리고 있었다.
유혜은: 주님, 제가 예수님 손 잡아 보는 것이 평생 소원이었어요! 예수님 고
　　　　맙습니다.
예수님: 그래. 사랑하는 딸아! 내가 너의 마음을 알고 있단다.

그때 예수님의 손에 구멍이 뚫린 자국을 실제로 보게 되었습니다. 나의
죄 때문에 고난을 당하신 손을 보니 너무 눈물이 났습니다.

예수님: 사랑하는 내 딸아. 울지 마라. 인간을 구원하기 위해 내가 세상에
　　　　왔단다. 그러니 울지 마라. 나의 핏값으로 구원의 길이 열리지 않
　　　　았니?
유혜은: 주님! 감사해요.
예수님: 많은 영혼들이 지옥에 가지 않았으면 좋겠구나! 재림의 때가 얼마
　　　　남지 않았고, 더 많은 영혼이 천국에 와야 한다. 무엇보다 네가 작정
　　　　기도 기간에 다른 것이 아닌 하나님의 마음과 사랑을 구한 것이 너
　　　　무나 기쁘구나!

참된 복음이 사라지고 성령 사역을 무시하는 시대

예수님: 땅으로 다시 돌아가면 주의 피가 묻은 참된 복음이 흔들리면 안 된
　　　　다고 분명히 전하거라. 또 성령의 일하심을 두고 무시하고 핍박하는
　　　　사람들이 많고, 어떤 이들은 성령의 은사는 이미 초대교회 시대에

끝났다고 말하기도 하지. 하지만 그것은 곧 나를 무시하는 것임을 전하거라.

거짓 복음에 빠져 있는 많은 사람들이 다시 참된 복음으로 돌아와야 하는데, 지금 이 시대에는 십자가의 피 묻은 참된 복음을 전하는 이들이 고난을 받고 있구나. 이것이 나의 마음을 아프게 한단다!

그때 말씀을 하시던 예수님은 울고 계셨고, 내 마음도 아팠습니다.

유혜은: 예수님, 저희의 죄를 용서해 주세요!

주님은 다시 내 손을 잡아 주시면서 말씀하셨습니다.

예수님: 사랑하는 딸아, 내가 더 많은 중보기도자를 세울 것이다. 깨어나는 자가 더 많아질 것이고 부르짖는 자들에게 더 많은 은사가 부어질 것이다.

주님은 나에게 중보기도의 사명이 있다고 하시면서 나에게도 많은 은사와 은혜를 부어주었다고 말씀해 주셨습니다.

참된 복음을 전하는 자들을 위해 기도하라

예수님: 내가 땅에서 그토록 외롭고 힘들었지. 십자가를 메고 골고다 언덕길을 오를 때에도 그 고난이 힘들었단다. 그럼에도 너희를 구원하기 위해 이 모든 것을 견딜 수 있었단다. 그러니 이 땅의 성도들은 주의 종과 교회들을 위해 중보기도를 많이 해야 한다.

아무 어려움 없이 주의 길을 간 자는 없다. 고난이 큰 만큼 하나님의 계획도 크단다. 참된 복음을 전하는 나의 종들이 감당해야 할 사명이 너무 귀한 보석과 같아서 그들에게 놓인 고난을 잘 견뎌 내기를 바란다. 그래서 끝까지 변질되지 않는 목회자와 교회가 되도록 성도들이 계속 기도해야 한단다.

지옥을 보여 주시다

이어서 예수님은 내게 지옥을 보여 주겠다고 하셨습니다.

유혜은: 예수님, 지옥 갈 때 제 손을 꼭 잡아 주셔야 해요.

예수님: 그러마. 안심하거라. 이제 함께 가자!

유혜은: 정말 지옥을 보여 주시려는 거예요? 예전에 환상 가운데 지옥을 보았을 때도 너무 힘들었습니다. 예수님, 제가 감당할 수 있도록 담대함을 주시고 제 손을 꼭 붙잡아 주세요.

나는 예수님의 손을 붙잡고 밑으로 계속 내려갔습니다.

큰 구멍으로 떨어지는 사람들

지옥이라는 곳은 아주 어두컴컴했는데, 토할 것 같은 역겨운 냄새에다 여기저기서 비명 소리밖에 들리지 않았습니다. 어느 지점에 다다르자 주님이 위를 보라고 하셨습니다. 큰 구멍이 보였는데, 그 구멍을 통해 믿지 않는 수많은 영혼들이 지옥으로 떨어지고 있었습니다. 그때 주님은 잠시 세상을 보여주시는데, 그 순간에도 많은 사람들이 자살을 선택하고 있었습니다.

유혜은: 아! 안 되는데! 복음을 들을 기회도 없이 스스로 목숨을 끊어 버리다니…. 어쩌면 좋아요. 안타까운 영혼들이 사탄에게 사로잡혀 지옥을 오네요. 예수님!

예수님: 나도 마음이 참으로 아프구나!

그 순간 한 영혼의 울부짖는 소리가 들렸습니다.

자살한 자의 형벌

자살자: 악! 나 좀 살려줘! 숨을 쉴 수 없어. 답답해 죽을 것 같다고! 세상에서 숨을 쉬기 힘들 만큼 힘들어서 죽음을 선택했는데, 여기는 더 죽을 것 같아! 죽을 것 같아서 자살했는데, 숨도 쉴 수 없고 다시 죽을 수도 없는 지옥이야. 악!

그제야 이곳이 주님을 알지 못하고 스스로 생을 마감한 영혼들이 가는 지옥인 것을 알게 되었습니다.

유혜은: 예수님! 저 사람들이 너무 불쌍해서 더는 못 보겠어요. 다른 곳으로 데려가 주시면 안 될까요?

구더기가 가득한 방

그러자 주님은 내 손을 꽉 잡고 다른 방으로 옮겨 주셨습니다. 두 번째 지옥은 더 끔찍했습니다. 구더기가 가득한 방이었는데, 구더기가 사람의 온몸을 뒤덮고 있었습니다. 왼쪽 눈으로 들어간 구더기가 오른쪽 눈으로 나오는 모습은 너무 징그러웠습니다. 그 영혼들이 "사람 살려!"

하고 펄쩍펄쩍 뛰는데, 뛸 때마다 구더기들이 떨어졌습니다. 온몸의 살을 뚫고 나온 구더기들은 다시 온몸에 들러붙어 있었습니다. "나 좀 살려 달라고!" 비명을 지르는데, 그 입에서도 셀 수 없는 구더기들이 튀어나왔습니다.

> 만일 네 눈이 너를 범죄하게 하거든 빼버리라 한 눈으로 하나님의 나라에 들어가는 것이 두 눈을 가지고 지옥에 던져지는 것보다 나으니라 거기에서는 구더기도 죽지 않고 불도 꺼지지 아니하느니라 (마가복음 9:47-48)

유혜은: 예수님! 이곳을 보는 것도 너무 힘들어요. 다른 방으로 옮겨 주시면 안 될까요?

내가 너무 힘들어하는 것을 아신 주님은 다른 지옥으로 데려가 주셨습니다.

구렁이가 가득한 방

그곳은 구렁이, 뱀, 독사들이 가득한 방이었습니다. 사람들의 온몸을 구렁이들이 칭칭 감고 온몸을 쪼아 댔습니다. 그런데 유난히 눈에 띄는 한 사람이 있었습니다. 예전에 교도관으로서 사형수라도 한 죄수라도 예수 믿게 한 후 형을 받도록 전도한 박효진 장로의 간증을 들은 적이 있는데, 보험금을 타기 위해 사람을 불태워 죽인 악랄한 죄수였던 사람이 거기 있었습니다. 그는 교도소에서 외국의 낯선 종교에 심취한 이후 선행을 베풀고 도를 닦아 '도사'라고 불리는 사람이었습니다. 그랬던 사람이 사형당하기 전에는 온갖 욕을 해대면서 발악하다가 비참한 죽음을 맞았습니다.

도사: 예수 이외에는 구원이 없어! 난 헛된 것을 찾았다. 내가 찾은 건 잘못
　　　된 것이었어!

그는 이를 갈면서 소리를 질러댔습니다. 온몸을 칭칭 감은 뱀, 독사, 구
렁이들이 그 사람의 몸을 더욱 쪼이면서 긴 혀로 날름거렸고, 그 사람의
입까지 틀어막았습니다.

유혜은: 예수님, 참고 있기가 너무 힘들어요. 다른 방으로 옮겨 주세요.

용암이 흘러내리는 지옥

예수님은 나를 다시 다른 곳으로 데리고 갔습니다. 저 멀리에서 화산
같은 것이 폭발하여 용암이 흘러내리는 모습이 보였습니다. 가까이 가서
자세히 보니 용암이 흘러내릴 때마다 사람의 형체가 녹아서 사라졌다가
형체가 다시 살아나는 듯했습니다. 그러면 또다시 용암이 흘러 내려와서
형체가 없어질 때마다 사람들의 비명 소리가 끔찍하게 들렸습니다. 거기
에는 어디서 많이 본 듯한 사람이 있었습니다. 매스컴을 통해 자주 보았
던 정치인이었습니다.

유혜은: 이 지옥은 어떤 자들이 오는 곳인가요? 또 저 정치인은 어떤 사람이
　　　　었습니까?
예수님: 나와 예수 믿는 자들을 핍박하던 자들이 오는 곳이다. 저 사람은 자
　　　　신의 명예와 지위를 유지하기 위해 동성애를 옹호하기도 했지. 지금

의 한국 교회에는 인본주의의 영이 만연하고 있단다. 교회를 핍박하는 자들이 회개하지 않으면 모두 이 지옥으로 오게 될 것이니라!

유혜은: 믿는 자들이 더욱 깨어서 나라를 위해 중보기도 해야겠네요.

예수님: 그래. 사랑하는 딸아! 네 나라와 한국 교회를 위해 중보기도를 해야 국가가 어려움을 당하지 않을 것이라고 꼭 전하거라!

캄캄한 뻘 지옥

주님의 말씀에 귀를 기울이는 동안 또 다른 지옥에 도달한 것을 알게 되었습니다. 이곳은 깜깜한 뻘 지옥이었습니다.

유혜은: 주님, 지옥 중에서도 이렇게 조용한 곳이 있네요. 아주 깜깜하기만 해요.

예수님: 사랑하는 딸아! 잘 보거라.

주님의 말씀이 끝나기도 전에 "악! 사람 살려"라고 외치는 비명이 들렸고, 사람들의 얼굴이 진흙에 파묻혀 있다가 잠시 올라오곤 했습니다. 한 사람이 말하는 게 들렸습니다.

"이보시오! 세상에 가서 예수님을 믿어야 지옥에 오지 않는다고 꼭 전하시오."

그러고는 또다시 뻘 깊은 곳으로 빨려 들어갔습니다.

유혜은: 이곳은 어떤 자들이 오게 되는 건가요?

예수님: 이 지옥은 이단에 빠지거나 예수님을 믿었다가 저버린 자들이 오는 곳이란다.

타락한 주의 종들의 지옥

예수님과 나는 다시 다른 방으로 옮겨갔습니다. 그곳은 참 희한한 지옥이었습니다. 분명 지옥인데도 소름 끼치는 느낌의 음성으로 "주여, 주여" 하는 소리가 들렸습니다. 궁금해서 예수님에게 물어보았습니다.

유혜은: 도대체 이 지옥은 어떤 자들이 오는 곳이길래 "주여, 주여" 소리가
        들리는 건가요?
예수님: 이 지옥은 타락한 주의 종들이 오는 곳이란다.

그때 갑자기 예수 이외에도 구원이 있다고 하면서 배도한 목사들이 생각났습니다. 그런 와중에 이를 갈면서 "원통하고 원통하다. 내가 잘못된 속임수에 빠져 말씀의 다림줄을 놓쳐 버렸구나. 주여, 주여!"라고 소리를 지르는 자가 있었습니다.

그는 하나님의 말씀이라는 다림줄을 삶의 기준으로 삶기보다 권력이라는 인맥의 줄과 재물의 줄을 붙잡은 자였습니다. 여러 종류의 갖가지 줄이 그들의 몸은 말할 것도 없고 팔과 다리를 묶고 눈과 혀를 빼내어 묶고 있었으며, 머리에서 발까지 쇠창이 꽂혀 있었습니다. 또 다른 줄이 그들의 목을 감고 있었는데, 그 안에서 송곳이 나와 목을 잘라 버렸습니다. 여기저기서 비명과 함께 너무나 처참한 광경이 벌어졌습니다.

나더러 주여 주여 하는 자마다 다 천국에 들어갈 것이 아니요 다만 하늘에 계신 내 아버지의 뜻대로 행하는 자라야 들어가리라 그 날에 많은 사람이 나더러 이르되 주여 주여 우리가 주의 이름으로 선지자 노릇 하며 주의 이름으로 귀신을 쫓아 내며 주의 이름으로 많은 권능을 행하지 아

니하였나이까 하리니 그 때에 내가 그들에게 밝히 말하되 내가 너희를 도무지 알지 못하니 불법을 행하는 자들아 내게서 떠나가라 하리라(마 7:21-23)

유혜은: 예수님! 너무 마음이 아프네요. 성도인 우리가 주의 종들이 타락하지 않도록 많이 기도해야겠네요.

예수님: 마귀들은 주의 종을 무너뜨리기 위해 혈안이 되어 있단다. 주의 종이 타락하면 교회 자체가 무너질 수 있기 때문에 반드시 주의 종들이 말씀 앞에 정직하게 서도록 많이 기도해야 한단다.

이렇게 말씀하신 후 주님은 내 손을 잡고 다시 천국으로 이끌어 주었습니다.

예수님: 사랑하는 딸아! 앞으로도 그대에게 입신이 계속 일어날 것이다. 아무에게나 허락되는 은혜가 아니니 귀하게 여기고 겸손하여 계속 나를 찾고 구하기를 바란다. 그리고 천국과 지옥에서 본 것과 들은 것을 반드시 전하여야 한다. 사람들이 믿든, 믿지 않든 간에 너에게는 전해야 할 사명이 주어졌으니 천국과 지옥이 실재한다는 것을 생생하게 전해 주길 간곡히 부탁한다.

예수님은 나에게 안부 인사를 해 주셨고, 천사들에게 내 영혼을 잘 인도해 줄 것을 명하셨습니다. 천사들의 인도를 받은 나는 영혼이 안전하게 육신으로 돌아온 것을 깨닫게 되었습니다.

이 모든 일을 행하신 하나님께 찬양과 영광을 올려드립니다. 예수
님 이름으로 기도합니다. 아멘.

2장 내가 아는 사람들이 지옥에 왔습니다

두 번째 입신 | 2021년 7월 6일 화요일

두 번째 입신은 첫 번째처럼 기도하는 가운데 천사 둘이 나를 양쪽에서 붙잡고 천국으로 올라갔습니다.

천국 문에 이르다

천국 문 앞에 다다르자 요한 사도가 직접 나와서 나를 반갑게 맞이해 주었습니다. 처음 만났을 때는 당황한 데다 경황이 없어서 물어보지 못한 것을 두 번째 입신에서는 질문할 수 있었습니다. 요한 사도에게 물었습니다.

유혜은: 베드로와 요한 사도님은 못 걷게 된 이를 예수 이름으로 일어나 걷게 했을 때 "우리 개인의 권능과 경건으로 이 사람을 걷게 한 것처럼 왜 우리를 주목하느냐"(사도행전 3:12)라고 말씀하셨지요. 자신의 영광을 취하지 않고 오직 주님께 영광 돌렸는데, 그 점을 본받고 싶었습니다.

요한: 하나님은 교만하여 자기 영광을 취하는 자들을 기뻐하지 않으세요. 그

러니 성도님도 오직 주님께만 영광을 돌리시길 바랍니다.

그리고 요한 사도는 나를 예수님께로 인도해 주었습니다. 가는 길에 자세히 보니 천국의 바닥은 모두 보석으로 되어 있었고, 예수님이 계신 곳에 거의 다다른 느낌이 들자 세상에서 들을 수 없는 화음의 아름다운 찬양 소리가 들려 왔습니다. 예수님은 나를 기다리고 계셨습니다.

사명을 다 마친 후에 갈 수 있는 천국
예수님: 사랑하는 딸아! 잘 왔구나. 내가 기다리고 있었다.

유혜은: 예수님, 사랑합니다. 오늘도 너무 고맙습니다. 오면서 아름다운 찬양 소리를 들었는데, 천국은 이렇게 매일 주님을 찬양하네요. 저도 이곳에서 계속 주님만 찬양하면 안 될까요?

예수님: 그대가 그렇게 하게 될 날이 오겠지만, 지금은 아니란다. 너는 아직 해야 할 사명이 있기 때문에 세상 가운데에서 나의 사명을 다 마친 후에 올 수 있단다.

유혜은: 네. 예수님! 저는 아픔과 슬픔이 없는 이 천국에서 주님만 찬양할 수 있다면 이곳에 머물고 싶지만, 주님이 말씀하시는 대로 순종할게요.

예수님: 그래. 모든 성도들이 다 와서 천국 잔치에 참여하고 함께 아름다운 찬양을 부르기를 나도 고대하고 있다.

유혜은: 오늘은 제게 어떤 것을 보여주실지 기대가 되고 궁금합니다.

예수님: 내 딸아! 오늘은 그대에게 준비해 둔 선물이 있다.

어린 순교자들의 방
예수님은 내게 천국의 어느 한 곳을 보여 주셨습니다. 그곳에는 순교한 아기들과 아이들이 너무나 예쁜 모습으로 즐겁게 놀고 있었습니다. 이 땅에서 한 번도 꽃을 피워 보지 못한 어린 순교자들을 안타까운 마음으로 바라보고 있는데, 주님께서 내게 물으셨습니다.

예수님: 너는 왜 순교한 종들을 보면서 마음 아파하느냐?

유혜은: 너무 어린 나이에 죽임을 당해서 애틋한 마음이 들었습니다.

예수님: 천국에서 가장 큰 상이 무엇인 줄 아느냐? 바로 순교이니라. 전도도, 섬김도, 헌신도 모두 큰 상급을 받겠지만, 순교는 아무나 할 수 있는 게 아니란다.

그렇게 말씀하시고 주님은 아이들 한 명 한 명 모두 안아 주셨습니다. 어린 순교자들이 행복해하는 모습은 세상 어디에서도 볼 수 없는 모습이었습니다. 넋을 놓고 바라보고 있는데, 주님이 "이제 다른 곳을 보여 주마" 하시며 큰 궁전 같은 곳으로 이끌어 주셨습니다.

순교자들의 집

예수님: 이곳은 순교한 자들이 사는 곳이란다.

먼 곳에서부터 많은 집들이 보였습니다. 1층 주택부터 다양한 종류의 집들이 모여 있었습니다.

예수님: 순교의 사명은 아무나 감당할 수 있는 게 아니란다. 지금까지 너무나 많은 성도들이 순교를 당했고, 재림의 때가 가까울수록 순교하는 성도들이 더 많아지게 될 것이다. 나의 핏값으로 너희를 위한 구원

의 길이 열렸고, 이 순교자들의 핏값으로 인하여 참된 복음이 더욱 전파될 것이란다. 지금은 악하고 악한 때이니라. 목숨을 건 순교자의 믿음으로 살지 않으면 신앙을 지키기 어려울 수 있지. 가서 나의 자녀들에게 꼭 전하거라. 끝까지 믿음을 꼭 지켜내라고.

표현할 만한 적당한 단어가 없어서 궁전이라고 했지만, 세상에서는 볼 수 없는 참 아름답고 멋진 곳이었습니다.

천국에서의 상급이 다르다

유혜은: 예수님! 천국에서의 상급이 다르다는 건 알고 있었지만, 순교자들이 더 많은 상급을 받는다는 말이 이해가 되네요.

예수님: 그렇지. 세상에서 하나님을 섬긴 만큼, 고난을 당한 만큼 각자에게 주어진 상급이 다르단다.

만일 누구든지 금이나 은이나 보석이나 나무나 풀이나 짚으로 이 터 위에 세우면 각 사람의 공적이 나타날 터인데 그 날이 공적을 밝히리니 이는 불로 나타내고 그 불이 각 사람의 공적이 어떠한 것을 시험할 것임이라 만일 누구든지 그 위에 세운 공적이 그대로 있으면 상을 받고 누구든지 그 공적이 불타면 해를 받으리니 그러나 자신은 구원을 받되 불 가운데서 받은 것 같으리라 (고전 3:12-15)

지옥에서 친구를 만나다

이제 주님은 나를 이끌고 지옥으로 가셨습니다. 주님의 손을 꼭 붙잡고 있었는데, 아주 깊은 곳까지 내려간다는 것을 느낄 수 있었습니다. 주님은

"마음을 더욱 담대히 하거라"고 하시면서 더 깊은 지옥으로 데려가셨는데, 어디선가 익숙한 목소리가 들렸습니다.

"친구야, 친구야!"

친구라는 소리에 깜짝 놀라서 자세히 보니 최근에 죽었다는 소식을 들은 초등학교 친구가 지옥에 와 있었습니다.

친구: 나에게 예수님을 전해 주지 그랬니? 그럼 내가 이런 무시무시한 지옥에 안 왔을 텐데!"

친구의 말을 듣는 순간 눈물이 마구 흐르기 시작했습니다.

유혜은: 예수님, 제가 저 친구를 전도하지 못했네요. 그래서 저 친구가 이 무서운 지옥에 와 있네요. 제가 잘못했습니다. '설마 이 친구가 예수님을 믿겠어?'라고 생각하면서 복음을 전하지 않았고, 친한 사람들에게만 복음을 전했네요. 제가 잘못했어요. 주님!

주님께 울면서 회개했습니다. 그런데 희한하게 생긴 큰 벌레들이 친구의 몸에 들러붙어서 살을 갉아먹고 있는 데다 여러 방향에서 날아온 수천 개의 큰 화살들이 친구의 몸을 관통하고 있었습니다.

유혜은: 주님, 복음을 듣든지 안 듣든지 반드시 주님의 진리를 전할게요. 저 친구에게 복음을 전하지 못한 저를 용서해 주세요!

친구의 참혹한 고통을 보고 있는 것조차 너무 고통스러워서 울면서 벌

벌 떨었습니다. 예수님은 "네가 너무 힘들어하니 마지막으로 지옥의 한 곳만 더 보도록 하자구나" 하시면서 성경에 나오는 불 못이라는 지옥을 보여 주셨습니다.

불 못에서 만난 장로

불 못에 떨어진 사람들이 여기저기서 "살려 줘! 살려 줘!" 하면서 비명을 질렀습니다. 그들의 형체가 불 가운데 사라졌다가 다시 생겨나고, 사라졌다가 또다시 나타나곤 했습니다. 게다가 형체가 없는데도 영혼의 비명 소리는 계속 들렸습니다. 너무나 끔찍했고 형체가 없는데도 비명이 들리니 소름이 끼쳤습니다. 여기에서도 지인을 보게 되었습니다.

유혜은: 어머! 예수님, 저 사람은 교회에서 대표기도를 매우 훌륭하게 하시던 장로님인데 왜 지옥에 왔을까요?

예수님: 저자는 나를 믿지 않았다. 단지 종교 활동을 했을 뿐이지. 나를 사랑하지 않았고 하나님의 말씀을 지적 학문으로 받아들였을 뿐, 마음속으로는 구원을 의심하고 믿지 않았단다. 또 교회에서만 거룩한 척하는 종교적 그리스도인이었고, 일상에서는 나 없이 살았던 자이니라.

유혜은: 그렇군요. 교회를 다녀도 진심으로 예수님을 믿지 않으면 지옥에 올 수밖에 없군요. 주일 그저 교회만 오가는 종교인이 아니라 믿음의 신앙인이 되어야겠어요. 너무 슬프네요. 주님.

여기저기서 살이 타는 냄새가 났습니다. 동시에 검은 연기가 솟아오를 만큼 많은 사람들이 불 못으로 떨어져서 비명을 지르고 있었습니다.

유혜은: 예수님! 오늘 지옥 두 군데밖에 보질 않았지만, 아는 사람들이 지옥에 와 있는 걸 보니 몇천 개의 지옥을 본 것처럼 몸이 경직되고 마음도 힘드네요. 저를 빨리 천국으로 데리고 올라가 주시면 안 될까요?

예수님은 내 손을 끝까지 꼭 잡아 주셨고, 천국까지 올라왔습니다.

예수님: 사랑하는 딸아! 선과 악이 뒤섞여 버린 혼탁한 세상에 가서 꼭 전하거라. 예수의 피가 묻은 참된 복음을 붙잡아야 한다고! 하나님의 마음과 사랑을 갈급함으로 구해야 한다. 그리고 순교자의 믿음으로 신앙을 잘 지켜내도록 전해 주길 부탁한다.
유혜은: 네. 예수님! 그렇게 할게요. 아는 이들이 지옥으로 가는 것을 두고 본다는 건 정말 끔찍한 일이예요.
예수님: 우물가의 여인처럼 헛된 것을 찾지 말고 예수 그리스도를 찾는 것이 참된 진리임을 사람들에게 전해 주렴.
유혜은: 감사해요. 예수님. 주님만이 길이요, 진리요, 생명임을 증거하겠습니다.

불신 영혼들을 위한 기도

예수님은 첫 번째 입신 때처럼 천사들을 통해 내 영혼을 인도해 줄 것을 당부하셨고, 나는 기도하던 자리로 돌아오게 되었습니다. 어느 때보다 더 친정과 시댁의 예수님을 믿지 않는 식구들을 위해, 지인들 가운데 믿지 않는 영혼들을 위해 기도하지 않을 수 없었습니다. 오늘 지옥에서 보았던 것처럼 아직 기회가 있을 때 그들이 지옥으로 가지 않도록 기도하며 복음을 증거할 것입니다.

이 땅에서 살아 있을 때 회개하고 예수님을 진정으로 믿어야만 지옥으로 떨어지지 않음을 굳게 믿고, 지옥으로 끌려가는 영혼들을 위해 부르짖어 기도하겠습니다. 이전에는 예수님을 믿었으나 지금은 주님 앞에 나아오지 않는 나의 조카들을 위해, 예수님 안 믿는 식구들을 위해, 아직도 예수님의 주인 되심을 인정하지 않는 지인들을 위해 전심으로 부르짖어 기도하겠습니다.

· · · · · · · · ' · · · · · · ' · ✦ · · ● · · · · ·

오늘도 은혜를 주신 사랑하는 삼위 하나님께 영광을 올려드립니다. 오직 주님만 영광을 받으시고 홀로 높임을 받으시며, 언제나 옳으신 주님만 찬양을 받으시옵소서!

존귀하신 예수님의 이름으로 기도드립니다. 아멘.

예수님께 업혀 천국을 가다

세 번째 입신은 기도하던 중 예수님의 등에 업혀 있는 나를 보게 되면서 시작되었습니다. 환상인가 하고 자세히 보니 구름 위에 예수님이 서 계시고 나는 어린아이처럼 그분의 등에 업혀 있었습니다.

예수님: 나와 함께 천국에 가자꾸나!

유혜은: 네. 감사해요. 예수님.

예수님과 함께 천국에 올라오자 이윽고 주님이 말씀하셨습니다.

예수님: 오늘도 너에게 선물을 준비했단다.

유혜은: 정말이요? 예수님, 저같이 부족한 자에게 이런 귀한 은혜를 주시니 감사합니다.

오늘은 무슨 선물을 허락하실지 궁금한 마음으로 예수님의 손을 꼭 잡고 따라갔습니다.

예수님: 이곳을 보렴.

그곳은 서재 같은 곳이었는데, 유난히 두꺼운 책을 꺼내어 보여 주셨습니다.

배도한 자들에 대한 심판

유혜은: 예수님! 혹시 말로만 듣던 생명책인가요?

예수님: 그렇단다. 백보좌(白寶座) 심판대 앞에서 심판할 때 이 생명책에 이름이 기록되지 않은 자들은 지옥에 갈 수밖에 없느니라.

유혜은: 그럼 혹시 생명책에서 이름이 있다가 지워질 수도 있는 건가요?

예수님: 그렇단다. 생명책에서 이름이 지워지는 자가 있지. 열심히 믿다가 배도하거나 이단에 빠져 끝까지 돌아오지 않는 자들은 생명책에서 이름이 지워져 버린단다.

한 번 빛을 받고 하늘의 은사를 맛보고 성령에 참여한 바 되고 하나님의 선한 말씀과 내세의 능력을 맛보고도 타락한 자들은 다시 새롭게 하여 회개하게 할 수 없나니 이는 그들이 하나님의 아들을 다시 십자가에 못 박아 드러내 놓고 욕되게 함이라 (히브리서 6:4-6)

유혜은: 예수님! 그들에게 회개할 수 있는 기회를 주세요. 지옥을 실제로 보니 너무나 무서운 곳이에요. 그들이 회개하여 무시무시한 지옥을 가지 않도록 도와주세요.

예수님: 나도 그들이 지옥에 가지 않도록 회개하기를 간절히 바란단다.

그리고는 말씀이 없으셔서 주님을 바라보니 울고 계신 것이 느껴졌습니다.

유혜은: 그들 때문에 마음이 아파서 우시는 건가요?
예수님: 그렇다. 한 영혼이라도 너무나 소중한데, 그들이 지옥으로 가지 않기를 원하고 또 원한단다.
유혜은: 모든 사람들이 지옥에 가지 않았으면 좋겠어요. 그럼에도 저를 택해 주시고 예수님 믿게 해 주셔서 감사드려요. 저도 주님 품에 안길 때까지 변질되지 않도록 도와주세요. 많은 영혼들이 알곡이 되어 천국 잔치에 모두 참여했으면 좋겠어요.
예수님: 그래. 그랬으면 좋겠구나. 사랑하는 딸아! 다른 곳을 보여줄 테니 잘 보거라.

생명수 분수
예수님은 제 손을 잡고 분수가 흘러넘치는 곳으로 인도하셨습니다.

유혜은: 이곳은 환상 중에 보여 주셨던 생명수 분수가 있는 곳이네요?
예수님: 그렇다. 너희가 연합하여 기도할 때에 이렇게 생수의 강이 흘러넘쳐서 복음이 전파되는 것이란다. 그래서 너희가 연합하여 하나 됨으로 기도하는 것을 내가 가장 기뻐한단다.

이렇게 말씀하신 주님은 또 다른 천국을 보여 주셨습니다.

순금의 방

유혜은: 이곳은 어떤 방인가요? 순금들이 아주 많이 쌓여 있네요.

예수님: 너희가 세상 살면서 핍박과 고난과 시험을 이겨낼 때마다 내가 순금을 한 성도 한 성도마다 하나씩 쌓아놓고 있단다.

유혜은: 아, 욥기 23장 10절의 "내가 가는 길을 그가 아시나니 그가 나를 단련하신 후에는 내가 순금같이 되어 나오리라"라는 말씀처럼 주님은 순금처럼 나오는 믿음을 기뻐하신다는 말씀이네요.

예수님: 그렇단다. 교회가 어려울 때마다, 주의 종들이 힘들어할 때마다, 성도들이 직장과 가정과 사업장에서 광야와 같은 훈련을 통과할 때마다 내가 그들의 순금과 같은 믿음을 하나하나 쌓아놓았지.

유혜은: 감사합니다. 예수님! 제가 너무 아파서 죽고 싶을 때마다, 기도로 광야의 시험을 이겨낼 때마다 주님은 저의 순금을 하늘의 상급으로 쌓아 주셨네요.

예수님: 이 세상 사는 동안은 하나의 점과 같이 아주 짧은 시간이야. 그러니 세상에 가서 힘들어하는 목회자들과 성도들에게 비록 지금의 시간이 너무 힘들고 견디기 어려울지라도 믿음으로 좀 더 힘을 내어 이겨내도록 전해 주렴.

유혜은: 네. 꼭 전하겠습니다. 그런데 오늘도 지옥을 보여 주실 건가요?

예수님: 이전에 잠깐 환상으로만 보여 주었던 지옥을 오늘은 보다 자세하게 보여 주고자 한다. 내 손을 꼭 잡고 마음을 강하고 담대히 하거라.

주님과 손을 잡고 함께 한없이 밑으로 내려갔습니다.

유혜은: 예수님, 지옥에 오니 캄캄하고 역겨운 냄새에다 많은 사람들의 비명

소리가 들려요.

미워하고 용서하지 않은 자들의 지옥

"악! 사람 살려! 나 좀 살려달라고…"

지옥에 있던 어떤 사람이 이렇게 소리를 지르고 있었습니다.

유혜은: 어? 예수님, 마귀가 긴 손톱으로 저 사람의 심장을 꺼내고 있어요.
너무 징그럽고 무서워요. 저 사람은 무엇 때문에 이렇게 고통당하고
있나요?

예수님: 남을 미워하면서도 전혀 회개하지 않은 사람이다. 저자는 남을 미워
하는 죄가 얼마나 큰 죄인지 모르고 평생을 증오하며 살았단다.

유혜은: 저도 미워하는 사람이 있는데 용서하게 해 주세요. 그 사람을 사랑
으로 품을 수 있는 마음을 달라고 기도했지만, 저를 너무 힘들게 해
서 용서가 되지 않았습니다. 그런데 미워하는 죄가 이렇게 큰 죄인
줄 몰랐습니다. 주님, 저를 주의 보혈로 용서해 주세요.

눈으로 범죄한 자들의 지옥

유혜은: 예수님, 이 지옥도 환상으로 보여 주신 곳이네요?

예수님: 그렇단다. 오늘 보고 있는 지옥은 믿음이 있는 자든 없는 자든 간에
너무도 쉽게 범하는 죄들이란다. 사람들은 이런 죄를 전혀 큰 죄라
고 생각하지도 않고 회개하지 않아서 지옥에 떨어지게 되지.

유혜은: 예수님! 마귀가 저기 있는 사람들의 눈을 다 빼고 있어요. 너무 징그
러워요. 살려달라고 아우성치는 사람들이 너무 불쌍해요.

예수님: 나도 마음이 아프구나! 이 지옥은 남을 미워하는 마음으로 째려보거

나 눈으로 범죄했던 사람들이 회개하지 않아 오게 되는 곳이다. 다른 사람이 밉고 보기 싫어서 고개를 돌리는 것조차 분노의 눈으로 남을 째려본 자들이란다.

유혜은: 째려보기 싫어서 눈을 피한 그 자체도 미움과 분노의 마음으로 째려보는 것과 같은 죄를 짓는 거네요. 저도 그런 적 많았는데, 용서해 주세요. 주님! 미운 마음이 조금이라도 들면 즉시 회개하겠습니다.

예수님: 사람들에게 반드시 전하거라. 이 지옥은 너무나 악한 곳이란다. 이 지옥은 세상에서 회개하지 않아서 오는 곳이고, 또한 이곳에서는 회개가 없는 곳이야. 지옥에서는 욕과 저주 그리고 발악하는 비명만 들리는 곳이란다. 생명이 붙어 있을 때만 회개할 수 있다는 것을, 영혼이 떠나는 순간 더 이상 회개할 수 없다는 사실을 반드시 전하렴.

유혜은: 네. 예수님! 죄지은 것이 있다면 즉시 회개해야 하고 목숨이 붙어 있을 때 예수님을 믿어 회개함으로 천국 갈 수 있음을, 그리고 회개하지 않으면 지옥에 떨어질 수밖에 없음을 꼭 전하겠습니다.

입술로 범죄한 자들의 지옥

유혜은: 예수님, 이 지옥도 환상으로 보여 주셨어요. 입술로 지은 죄를 회개하지 않을 때 오는 지옥이라고 알려 주신 곳이군요.

그 지옥에 있는 어떤 자가 발악을 하면서 소리를 질러댔습니다.
"아악! 나 죽을 거 같아. 살려줘! 살려달라고!"

유혜은: 마귀가 혀를 다 빼서 소리를 낼 수 없는 상황인데도 영혼이 소리 지르는 게 들려요.

예수님: 그렇단다. 천국과 지옥은 사람의 몸이 죽고 영혼이 몸을 떠나서 오는 곳이기에 영혼의 소리를 듣게 되지.

그 순간에도 또 다른 사람의 비명이 들려 왔습니다.

"그 순간을 모면하려고 시작된 거짓말이 계속 거짓말을 만들어 냈고, 내 평생은 거짓말투성이었어. 선한 거짓말이라는 말로 다른 사람들을 속였어. 누가 나 좀 살려줘. 내가 왜 회개하지 않았을까! 정말 후회가 돼. 하지만 여기에서는 더 이상 기회가 없어!"

유혜은: 예수님, 마귀가 저 사람의 혀를 뽑아내고 있어요. 그것도 모자라 빼낸 혀를 완전히 난도질하고 있네요. 거짓말하는 사람들이 회개하지 않을 때 오는 지옥인 거죠? 고통당하는 모습이 너무 불쌍하네요.

예수님: 지금 소리 지르는 사람은 평생 거짓말만 하면서 살았고, 회개하지 않아서 이 지옥에 왔다. 입술로 짓는 죄에는 거짓말뿐만 아니라 남을 비판하고 판단하며, 입에도 담을 수 없는 욕과 저주를 퍼붓는 죄도 있는데, 회개치 않으면 반드시 이 지옥에 오게 되느니라. 이 입술의 범죄는 믿는 신자들도 아무렇지 않게 범하는 죄들이지. 반드시 회개하라고 전해야 한다.

유혜은: 네. 입술로 죄를 짓지 말라고, 또 입술로 죄를 지었다 할지라도 '예수님, 제가 또 주님 기뻐하시지 않는 죄를 지었네요. 주님의 보혈로 나를 용서해 주세요'라고 즉시 회개해야 한다고 전하겠습니다. 저도 어렸을 적 남자아이들이 괴롭힐 때마다 나쁜 놈이라고 욕을 많이 했어요. 커서도 '이 정도밖에 안 돼?'라고 하면서 다른 사람을 판단하고 비판적인 말을 많이 했어요. 용서해 주세요. 심지어 제가 교만하

여 남을 무시하기도 했습니다. 시기 질투로 제 딸을 괴롭히던 딸아이 학교 선배에 대해 너무 분해서 입으로 저주한 적도 있어요. 용서해 주세요. 예수님!

예수님: 남이 괴롭히고 말로 저주하는 자들을 보게 된다면 '저들의 죄를 용서해 주시고 불쌍히 여겨 주세요'라고 기도해야 한단다. 쉽지 않겠지만 판단의 주권은 하나님께 있음을 잊지 말거라.

유혜은: 네. 예수님! 저의 무지를 용서해 주시고 늘 기도하는 자가 되게 해 주세요.

이렇게 주님께 고백하는 가운데 마귀에게 괴롭힘을 당하고 있는 사람의 다음 과정이 보였습니다.

유혜은: 그런데 지금 자세히 보니 마귀가 미워하는 사람의 심장을 파내고, 눈으로 범죄한 경우에는 눈을 뽑아내고, 금방 본 것처럼 혀를 빼내어 난도질하는 것만이 아니었어요. 사탄과 마귀가 온몸을 가만두질 않네요. 온몸이 악한 영에게 고통당하는 모습을 보니 이 지옥에 아무도 오지 않았으면 좋겠습니다. 너무 잔인해요.

예수님: 내가 너의 여린 마음을 잘 알기에 수많은 지옥들을 이렇게 나누어서 보여 줄 것이다. 오늘은 지옥 가운데 한 곳을 더 보여 줄 것인데, 마음을 더욱 강하고 담대히 해야 한다.

유혜은: 네. 예수님!

신자들을 핍박한 자들의 지옥

유혜은: 예수님! 이 지옥은 어떤 지옥이기에 가까이 오기 전부터 피비린내와

살기가 느껴지나요?

예수님: 잘 보거라. 이 지옥은 수많은 사람들뿐만 아니라 믿는 신자들을 학
대하고 죽인 자들이 오는 곳이다. 잔인하고 악독한 자들이 있는 이
곳은 어느 지옥보다 더럽고 추악한 곳이란다.

유혜은: 보여요. 이곳에는 많은 사람들을 대학살한 자들과 자신들의 사상이
나 종교와 다른 믿음을 가졌다는 이유로 그리스도인들을 핍박하고
순교하게 만든 악독한 자들이 모여 있는 곳이네요. 모두가 만신창이
가 되어 있어요. 여러 가지 형벌이 이들을 괴롭히는 지옥이네요. 마
귀가 어디에서도 보지 못했던 잔인한 형벌로 이 사람들에게 극심한
고통을 주고 있네요.

예수님: 이 사람들로 인하여 너무나 많은 사람들이 잔인하게 죽임을 당했다.
저들이 잔인하게 죽인 사람들, 특히 순교한 그리스도인들의 고통의
수억 배로 형벌을 받고 있느니라.

예수님의 대답을 듣는데, 저들이 어떤 형벌을 받는지 그 과정이 세세하
게 보였습니다.

유혜은: 말로 다 표현할 수 없는 고통과 고통의 연속이네요. 악! 신음 소리도
내지 못할 만큼 지구만 한 큰 쇠공이 사람들을 내리쳐서 납작하게
다 부서졌어요. 그런데 또다시 금방 형체가 되돌아오자마자 목이 쇠
사슬에 감겨서 천장에 매달렸어요. 게다가 쇠사슬 속에 긴 바늘처럼
생긴 송곳이 목을 관통하여 이루 말할 수 없는 고통이 반복되는 곳
이네요. 자기들이 죽인 수천, 수만 명의 죗값과는 비교할 수 없는 형
벌을 당하고 있어요.

예수님: 이자들로 인해 순교한 사람들이 너무 많구나! 참으로 악하고 악한 자들이여!

　　　　사랑하는 딸아! 한 사람이라도 이 지옥에 오지 않도록 기도해 다오. 그런데 어떤 성도가 너에게 하나님이 사랑의 신이기만 했으면 좋겠다고 말한 걸 기억하느냐?

유혜은: 네. 예수님! 그런 얘기를 한 사람이 있었어요. 역시 우리의 말과 행동을 모두 알고 계시는군요.

예수님: 네가 반드시 전해 주기를 바란다. 사람을 지을 때 하나님이 영광과 찬양을 받으시기 위해 창조했건만, 타락한 천사로 인해 죄가 이 세상에 들어오고 악해졌단다. 사랑의 하나님은 끝까지 참으시겠지만, 동시에 인간들이 죄악에서 돌이키지 않으면 분명 백보좌 심판대에서 회개하지 않은 죄를 모두 심판하시는 공의의 하나님이심을 반드시 전해 다오. 악한 자들이 회개하지 않고 결국 주님의 심판대로 올 때 하나님은 거룩한 분노로 반드시 심판하실 것이다. 그래서 두렵고 떨림으로 주를 경외(敬畏)하라고 하는 것이니라.

유혜은: 네. 주님! 주님을 경외합니다. 말씀하신 바를 꼭 전하겠습니다. 저들을 계속 보고 있으려니 제가 너무 떨리고 힘든데, 그만 보면 안 될까요?

예수님: 그대의 기질과 성향을 내가 잘 안다. 오늘도 너무 고생이 많았구나. 이제 천국으로 올라갈 것이다.

나는 다시 주님의 손을 꼭 붙잡고 천국으로 올라왔습니다.

유혜은: 이제야 살 것 같네요. 지옥을 보는 것은 정말 힘들지만, 주님 뜻대로

순종하면서 보여 주시면 또 보겠습니다. 지옥에 떨어져서 고통을 받지 않도록 예수님 말씀하신 것을 정확하게 전하겠습니다. 많은 영혼들을 지옥으로 끌고 가려는 악한 영들의 궤계를 예수님 이름으로 계속 무너뜨리면서 더욱 기도하겠습니다.

주님은 고개를 끄덕이시며 내 손을 꼭 잡고 지구 밖까지 데려다 주셨습니다.

예수님: 사랑하는 딸아! 오늘도 수고가 많았구나.

유혜은: 주님, 사랑합니다. 오늘도 성부, 성자, 성령 삼위 하나님께 영광을 돌립니다.

그리고 나서 나의 영혼은 몸속으로 들어오게 되었습니다.

• • • • • • • • • • ' ✓ • • • • •

언제나 옳으신 예수님! 오늘도 주님만 홀로 높임을 받으시고, 주님만 영광을 받으시며, 주님만 찬양하고 경배합니다. 예수님 이름으로 기도합니다. 아멘.

오늘도 회개의 영이 함께해 주실 것을 구하며 기도와 간구로 하나님께 나아가고 있었습니다. 하나님의 사랑의 불로, 거룩의 불로, 정결의 불로, 소멸의 불로 임재해 주셔서 나의 머리부터 발끝까지 주님이 기뻐하지 않으시는 모든 것들은 태워 주시고 주님의 보혈로 씻어 주시기를 기도했습니다.

기도하는 가운데 주님이 환상으로 보여 주신 장면이 있었습니다. '예수 피 묻은 참된 복음'이라는 아주 큰 세계지도를 달고 열기구에 많은 성도들이 탄 채로 나팔을 불고 있는-복음을 전하는- 모습이 보였습니다. 그 가운데 한 명이었던 나를 예수님이 친히 꺼내어 안아 주셨습니다.

주님 품에 안겨 천국으로 올라가다

예수님: 사랑하는 딸아! 오늘도 천국에서 네게 줄 선물이 있다.

유혜은: 주님, 사랑하고 찬양합니다. 여기 있는 성도들에게도 아름다운 천국을 보여 주시면 안 될까요?

예수님: 때가 되면 그들도 천국을 보게 될 것이다.

유혜은: 네. 예수님.

이렇게 대답하는 동안 이미 나는 주님 품에서 함께 천국에 올라와 있었습니다.

생명수 강을 보여 주시다

예수님의 손을 잡고 천국을 걸어가고 있는데, 생명수 강가에서 주님이 멈추셨습니다.

유혜은: 이곳에서 무얼 하시려는 건가요?
예수님: 네가 베체트병(Behcet's disease)으로 인해 입안이 하얗게 패여 큰소리로 기도할 수 없는 상황이라는 걸 잘 안다. 생명수 물을 마시고 깨끗함을 받으렴.
유혜은: 저는 주님과 함께 있는 것만으로도 감사한데, 부족한 제게 긍휼을 베풀어 주셔서 감사합니다!
예수님: 오늘은 너에게 해 줄 이야기가 참으로 많구나! 네가 환상 중에 보았던 것들에 대해 세밀하게 이야기해 주마.

부자와 거지 나사로를 만나다

갑자기 내 앞에 두 가지 길이 보였습니다. 오른쪽에는 좁은 길이 보였고, 왼쪽에는 넓은 길이 보였습니다. 넓은 길을 걷던 부자는 그 길 끝으로 가자 지옥으로 떨어졌습니다. 반면에 좁은 길을 걷던 초라한 거지는 길 끝에 다다르자 천국으로 들어가는 문을 열게 되었습니다. 지옥으로 떨어진 부자는 세상에서 자신이 그토록 무시하고 구박했던 거지가 있는 천국을 바라보며 물 한 모금만 달라고 애걸했습니다.

한 부자가 있어 자색 옷과 고운 베옷을 입고 날마다 호화롭게 즐기더라 그런데 나사로라 이름하는 한 거지가 헌데 투성이로 그의 대문 앞에 버려진 채 그 부자의 상에서 떨어지는 것으로 배불리려 하매 심지어 개들이 와서 그 헌데를 핥더라 이에 그 거지가 죽어 천사들에게 받들려 아브라함의 품에 들어가고 부자도 죽어 장사되매 그가 음부에서 고통중에 눈을 들어 멀리 아브라함과 그의 품에 있는 나사로를 보고 불러 이르되 아버지 아브라함이여 나를 긍휼히 여기사 나사로를 보내어 그 손가락 끝에 물을 찍어 내 혀를 서늘하게 하소서 내가 이 불꽃 가운데서 괴로워하나이다 아브라함이 이르되 얘 너는 살았을 때에 좋은 것을 받았고 나사로는 고난을 받았으니 이것을 기억하라 이제 그는 여기서 위로를 받고 너는 괴로움을 받느니라 그뿐 아니라 너희와 우리 사이에 큰 구렁텅이가 놓여 있어 여기서 너희에게 건너가고자 하되 갈 수 없고 거기서 우리에게 건너올 수도 없게 하였느니라 이르되 그러면 아버지여 구하노니 나사로를 내 아버지의 집에 보내소서 내 형제 다섯이 있으니 그들에게 증언하게 하여 그들로 이 고통 받는 곳에 오지 않게 하소서 아브라함이 이르되 그들에게 모세와 선지자들이 있으니 그들에게 들을지니라 이르되 그렇지 아니하니이다 아버지 아브라함이여 만일 죽은 자에게서 그들에게 가는 자가 있으면 회개하리이다 이르되 모세와 선지자들에게 듣지 아니하면 비록 죽은 자 가운데서 살아나는 자가 있을지라도 권함을 받지 아니하리라 하였다 하시니라 (누가복음 16:19-31)

그 순간 이런 생각이 들었습니다. 천국에는 생명수 물이 풍부하지만, 지옥은 물 한 모금도 마실 수 없는, 즉 결코 살 수 없는 곳이라는 분명한 사실입니다. 예수님을 모른 채 세상에서 아무리 잘 살아봤자 이곳에서는 아무 의미도 찾을 수 없었습니다.

좁은 길과 넓은 길

이어 좁은 길을 걷고 있는 한 나그네를 보여 주셨습니다. 주님은 그의 지게에 실려 있던 무거운 짐들을 하나씩 내려 주셨고, "수고하고 무거운 짐 진 자들아 다 내게로 오라 내가 너희를 쉬게 하리라"라고 말씀하셨습니다. 즉 좁은 길을 걷는 자들의 힘듦을 아시는 주님이 짐의 무게를 친히 담당해 주심을 알게 해 주셨습니다. 그리고 주님은 내게 세상에서 벌어지고 있는 한 장면을 보여 주셨습니다.

예수님: 저 넓은 길을 걷고 있는 자들의 끝이 보이느냐?

유혜은: 네. 예수님! 길 끝에 큰 전광판이 있는데, 맨 윗줄에 큰 글씨로 '루시퍼(Lucifer, 사탄의 우두머리)가 말함'이라고 쓰여 있어요.

예수님: 하지만 사람들의 눈에는 저 글씨가 보이질 않는단다. 영의 눈을 가진 자만이 볼 수 있지. 그 밑에 '천국 같은 곳으로 인도합니다'라는 글씨만 보이도록 마귀가 장난을 치고 있는 거야.

유혜은: 아! 저 글씨만 보고 사람들은 친구나 지인들을 데리고 넓은 길로 가고 있네요.

예수님: 그렇단다. 온갖 교활한 방법으로 사람들을 속이기 때문에 영적으로 깨어 있지 않으면 마귀가 하는 짓을 볼 수 없지.

유혜은: 넓은 길의 끝은 지옥으로 떨어지는 거대한 낭떠러지인데, 사람들이 마치 종잇장처럼 떨어져서 수없이 쌓이고 있네요. 저 영혼들이 불쌍

해서 어쩌죠? 자신들이 지옥으로 떨어지게 될 걸 모르고 나아가고 있어요. 저 가운데에는 주님을 믿는 사람들도 많이 있어요. 하지만 마귀가 간교하게 '루시퍼가 말함'이라는 글씨를 보이지 않게 해 놔서 예수님 믿는 사람들조차 넓은 길로 가고 있어요.

어머! 예수님 울고 계시네요? 한 영혼 한 영혼이 지옥에 떨어질 때마다 주님이 많이 우시는 것을 천국에 와서 알게 되었습니다.

좁은 문으로 들어가라 멸망으로 인도하는 문은 크고 그 길이 넓어 그리로 들어가는 자가 많고 생명으로 인도하는 문은 좁고 길이 협착하여 찾는 자가 적음이라 (마태복음 7:13-14)

예수님: 나도 마음이 찢어지는구나! 마귀와 사탄이 저처럼 간교하게 많은 영혼들을 채가는 것이 너무 마음이 아프다. 마귀는 흉측한 모습이 아니라 오히려 매력적이고 좋아 보이는 모습으로 사람들을 감쪽같이 홀리기 때문에 마지막 때에는 깨어 기도하고 하나님께 속한 영인지 잘 분별해야 해. 그렇지 않으면 저렇게 자신이 넓은 길, 즉 지옥으로 가는지도 모른 채 떼밀려서 가게 된단다.

유혜은: 안타깝게도 "나는 예수님 믿으니까 천국 가. 내가 안 가면 누가 천국 가겠어?"라고 확신에 차서 말하는 사람들이 넓은 길을 가고 있어요. 그런데 정작 본인이 걷고 있는 넓은 길 끝에 지옥이 기다리고 있는지 모른다는 게 너무 마음 아프네요.

예수님: 이 사람들은 하나님의 마음에는 관심이 없다. 겉으로는 믿는다고 말하지만, 그들의 영혼은 '세상 살면서 예수님만 믿어서는 안 된다'라고 외치고 있지.

유혜은: 주님을 믿는 많은 사람들도 하나님의 마음을 모르고 있네요. 하나님을 향한 열심으로 섬기는 그리스도인들을 보면서 예수 믿는 사람들조차 유별나게 예수 믿는다고 말하기도 하지요. "좋은 게 좋은 거야. 왜 예수님만 믿어야 천국 간다고 하는 거야? 평화를 위해 종교도 화합하고 서로 인정하고 그러면 얼마나 좋아? 고집불통 예수쟁이라는 소리 들으면 좋아?"라는 말을 저도 종종 들었습니다. 주님을 믿는 자들인데, 어떻게 그런 말을 할까요? 예수님의 십자가 죽음을 너무 값없이 물 탄 복음으로 만들어 버리네요. 한 명의 탈락자도 없이 모두 알곡이 되어 천국 가야 하는데…. 안타까워요.

예수님: 사랑하는 딸아! 지난번에 네가 아는 장로가 지옥에 있는 걸 보지 않았니?

유혜은: 네. 한편으로는 그 장로님의 아내 되시는 분도 궁금했어요. 권사님은 천국에 있나요?

예수님: 그 권사도 천국에 없다.

유혜은: 정말요? 모두 지옥에서 형벌을 받는다고 생각하니 너무 불쌍하네요.

예수님: 처음에는 생명책에 이름이 있었다. 하지만 자신의 욕심을 부리고 주장하기 위해 사람들과 싸우면서 긍휼의 마음을 잊어버렸어. 나를 믿는다고 하면서 십자가 앞에서 자신을 돌아보고 말씀으로 비춰보면서 지은 죄를 회개하지 않았다. 그 권사는 이렇게 말했단다. "내가 이미 구원받았는데, 왜 회개해야 해? 난 의롭다 함을 인정받았다고!" 그리고는 회심하기 이전처럼 마음대로 살고 이웃을 돌아보지도 않고 자신의 욕심을 채우다가 교회에서만 하나님의 사랑을 찬양했던 자였다. 한 번 얻은 구원은 영원한 구원이라고 알고 있는 신자들

이 많구나. 그들이 구원의 완성을 향해 날마다 하나님의 얼굴을 구하고 회개하기를 기도한단다.

유혜은: 저도 삶 가운데 예수님의 성품을 닮아가길 원합니다. 믿는 모든 성도가 변질되지 않고 주님 품에 안길 때까지 주의 보혈을 의지하여 즉시 회개함으로 성화(聖化)되어 가기를 기도합니다. 예수 믿는 모든 성도가 생명책에서 그 이름이 지워지지 않기를 원합니다.

우리가 하나님의 마음과 하나님의 사랑을 알기 원하시는 예수님

예수님: 많은 사람들이 스스로는 신앙생활을 잘한다고 자부하지만, 하나님의 마음과 그분의 사랑을 알아가려는 관심이 적구나. 교회 안에서 나와 남을 비교하면서 다른 사람보다 위에 앉고자 하고, 더 많이 가지려 하고, 자신의 것을 과시하고 움켜쥐려는 자들이 많다. 대표기도를 하면서 외식적인 말로 포장하고, 많은 봉사를 하지만 자기의 이름을 드러내고, 열심이라는 미명 아래 욕심을 채우고 사람들을 분당케 한다면 교회가 세상 모임과 다를 바가 하나도 없지 않겠니? 온전히 하나님의 뜻과 사랑의 마음을 닮아가려고 애쓰는 그분의 백성들이 적어서 내 마음도 아프구나.

유혜은: 교회와 성도들이 처음 사랑을 잃어버리지 않도록 더욱 깨어서 중보기도해야겠네요.

예수님: 한국 교회가 열심으로 자라다가 부유해지고 다양한 색깔로 나뉘면서 믿음의 본질을 많이 잃어버렸구나. 인본주의와 세대주의의 영향을 받아 교회에서도 물질과 명예가 우선시되었고, 세상의 원리와 판단이 지지를 받기도 한단다. 그래서 더욱 목회자들과 성도들이 말씀으로 스스로 돌아보고 깨어 기도해야 해.

유혜은: 네. 저도 교회의 회복을 위해 쉬지 않고 기도하겠습니다.

예수님: 이제 나와 함께 갈 곳이 있다.

가는 길에 너무나 아름다운 찬양이 들리는데, 찬양만 하면서 살고 싶다는 생각이 들었습니다.

불신자들을 위해 기도하라

유혜은: 이곳은 어떤 천국인가요?

예수님: 성도들이 믿지 않는 자들을 위해 기도할 때 올라오는 이름들이 쌓이는 방이란다.

유혜은: 아! 불신자들을 위해 기도할 때마다 그 이름들이 올라오고 이 방에 쌓이는군요. 어떤 이름은 한 사람이 기도했는지 여러 사람이 기도했는지 모르지만, 높이 쌓여 있네요. 길을 지나다가 이름은 몰라도 만나는 사람들마다 기도하면 예수님이 그 영혼들을 모두 기록하고 계시는군요. 이걸 보니 더욱 열심히 믿지 않는 영혼들을 위해 기도해야겠네요.

이렇게 말하며 가는 동안 천국의 다른 곳에 도착했습니다.

성도들의 기도가 항아리에 쌓이다

유혜은: 이곳은 어떤 곳인가요? 앞에는 실린더가 있고 뒤에는 더 큰 컵이 놓여 있는데, 더 깊은 안쪽에는 큰 항아리 같은 것이 보이네요.

예수님: 그래. 이곳은 기도의 양이 쌓이는 곳이란다. 기도의 양이 실린더에 차게 되면 흘러넘쳐서 큰 컵에 담기게 돼. 기도가 더욱 쌓이게 되면 항아리에 채워지게 되지.

또 다른 천사가 와서 제단 곁에 서서 금 향로를 가지고 많은 향을 받았으니 이는 모든 성도의 기도와 합하여 보좌 앞 금 제단에 드리고자 함이라 향연이 성도의 기도와 함께 천사의 손으로부터 하나님 앞으로 올라가는지라(요한계시록 8:3-4)

유혜은: 그래요? 기도가 주님께 상달되어 기도의 양이 채워질 때마다 우리의 기도에 잊지 않고 응답해 주시는 거군요. 그런데 성도들의 기도가 상달되지 않을 때도 있나요?

예수님: 이방인처럼 중언부언하는 기도는 기도 항아리에 채워지지 않는단다. 그리고 자신의 욕심을 위해 기도할 때에는 공중의 권세 잡은 영들이 다 차단해 버리지. 그래서 나에게까지 기도가 올라오지 못하는 거란다. 하지만 전심으로 부르짖는 기도는 상달되지 않도록 악한 영들이 아무리 막으려 해도 세 겹 줄처럼 쉽게 끊어지지 않지.

유혜은: 온 마음을 다해 부르짖으면 주님이 반드시 응답하신다는 말씀이네요. 깨닫게 해 주셔서 감사합니다. 모든 그리스도인들이 전심으로 부르짖어 하나님께 상달되는 기도를 통해 응답받는 신앙생활이 되면 좋겠어요.

그리고 예수님은 또 다른 환상을 보여 주셨습니다.

유혜은: 성도들이 모여서 기도하는데 큰 항아리가 천국으로 직접 올라오는 게 보이네요. 지금 보여 주시는 환상은 무슨 의미인가요?

예수님: 성도들이 연합하여 기도하면 하나님이 천사들을 통해 기도 항아리를 내려보내 주시는 것이다. 혼자 기도할 때에는 실린더, 큰 컵, 그다

음에 항아리로 옮겨지는 것을 보았잖니? 성도들이 연합하여 드리는 중보기도는 하나님께 항아리째 상달되는 것이기에 기도의 위력이 크단다. 합심하여 기도하라는 이유가 이것이다.

유혜은: 무시로 항상 깨어 기도하는 것도 중요하지만, 두세 사람이 주님의 이름으로 모여 기도할 때 함께하신다는 말씀의 의미를 잘 알 것 같아요. 깨닫게 해 주셔서 감사합니다. 예수님!

그런데 오늘도 지옥을 보여 주실 건가요?

예수님: 오늘은 지옥을 보는 것에 대해 너의 의견을 물으려 한다. 네가 너무 힘들어해서 너의 의견을 듣고 싶구나.

유혜은: 주님은 정말 자상하시네요. 솔직히 말씀드리면, 아무리 힘들어도 지옥을 보고 싶어요. 지옥을 보는 것이 힘들긴 해도 죄를 짓고 회개하지 않을 때 어떤 지옥을 오게 되는지 알게 된다면 믿지 않는 영혼들을 위해 더 간절함으로 기도할 것 같아요.

예수님: 그래. 내가 네 손을 꼭 잡고 있으니 아무 염려 말아라.

예수님의 손을 잡고 끝도 없이 밑으로 내려가는데, 지옥으로 내려가는 중간부터 벌써 역겹고 토할 것만 같았습니다.

음란의 죄로 인한 지옥

유혜은: 예수님, 이처럼 끔찍한 비명 지르는 자들은 어떤 죄를 짓고 회개하지 않아서 여기 오게 되었나요?

예수님: 음란한 죄를 짓고 회개하지 않아 떨어지는 지옥이란다.

유혜은: 이 지옥도 무시무시한데 수많은 형벌이 함께 가해지고 있네요. 징그러운 긴 벌레들이 미라처럼 온몸에 다닥다닥 붙어 있고, 소리를 지

를 때마다 벌레들이 입에서 튀어나오네요. 성기에는 쇠꼬챙이들이 꽂혀 있고 너무 징그러워요.

예수님: 이것이 오늘날 한국을 장악하고 있는 악한 영들에 의해 빚어진 결과다. 많은 사람들이 여기에 왔고, 지금도 이런 음란한 죄를 짓는 자들이 회개치 않으면 반드시 이 지옥에 떨어지게 된다. 소돔과 고모라의 죄악처럼 악덕과 퇴폐가 가득한 도시를 하나님이 매우 미워하신다는 것을 기억하고, 악한 영들의 꼬임에 빠져 온갖 추악하고 더러운 죄를 짓는 저들이 거룩함으로 옷 입을 수 있도록 기도해야 한다.

유혜은: 명심하고 꼭 전하겠습니다.

지옥으로 떨어지는 사람들

예수님: 아무리 깊은 지옥에 내려오더라도 위가 보이게 된단다. 저 위를 볼 수 있겠니?

유혜은: 저 위 큰 구멍이 다 메워진 것처럼 보이는데, 사람들이 지옥으로 떨어지고 있네요. 구멍이 메워지고 또다시 떨어지고를 반복하는데, 너무나 많은 영혼들이 지옥으로 오고 있어요. 불쌍해서 어떻게 해요?

예수님: 한 영혼 한 영혼이 지옥에 떨어질 때마다 내 마음도 아프구나. 재림의 날이 가까울수록 사람들의 사랑은 식어지고 다른 영혼에 대한 관심조차 사라질 것이다.

말씀을 듣고 있는데, 또 하나의 장면을 보여 주셨습니다. 세상에서 어떤 사람이 투덜거리는 장면이었습니다.

"왜 이렇게 하라는 게 많아! 짜증 나게…. 하지 말라는 건 더 많네? 내 영혼 하나 간수하기도 힘든데 무슨 전도를 하라는 거야?"

예수님: 나의 마음을 품지 않고서는 복음을 전할 수 없단다. 참된 복음이 온 세상 모두에게 전해질 때 내가 재림할 것이다. 영혼을 사랑하는 마음이 있는 자만이 복음을 전할 수 있음을 잊지 말아라. 마지막 때에는 복음을 듣고 전하는 자들이 순교할 수밖에 없는 상황이 오게 될 것이니라. 이 순간에도 세계 곳곳에서는 순교자의 피로 복음의 진보가 일어나고 있구나.

유혜은: 네! 모든 성도들이 그리스도 예수의 마음을 품고 진리의 복음을 전하길 원합니다.

예수님: 사랑하는 딸이여! 그대에게 오늘은 마지막 지옥을 보여주겠노라, 오늘은 다 한국에 역사하는 영들을 보여주고 있느니라.

그리곤 예수님의 손을 잡고 순식간에 천국으로 올라왔습니다. 주님은 나를 안고 지구 밖까지 데려다주셨습니다. 그리고 내 몸으로 영혼이 들어온 것을 느끼자 곧 주님께 기도했습니다.

• • • • • • • • • ' • • • • • • ' • • • • • •

오늘도 주님의 귀한 은혜를 베풀어 주셔서 감사합니다. 주님의 복음을 전하는 일에 저를 사용하여 주시옵소서! 또 말씀과 기도로 무장된 자들이 하나님의 영광을 위하여 살게 하시고, 깨어 기도하는 자들을 하나님 나라의 확장을 위하여 주님의 도구이자 주님의 통로로 사용하여 주시옵소서! 권세와 능력이 있으신 예수 그리스도 이름으로 기도드립니다. 아멘.

"저의 머리부터 발끝까지 하나님이 기뻐하지 않는 게 있다면 소멸의 불로 태워 주시고, 주의 보혈로 씻어 주시옵소서. 보혈의 능력과 권세로 나를 덮어 주시옵소서!"

기도하고 싶지만 지쳐서 기도하지 못하는 지체들을 위해 열심히 중보기도를 하는 중에 환상처럼 느껴지는 장면이 보였습니다. 엄청나게 큰 세계지도가 내 손에 들려 있었는데, 순식간에 지도가 제트기 모양으로 변하더니 나와 함께 지구 밖으로 날아갔습니다. 순간 놀라기는 했지만, 마음은 매우 평안했습니다. 지도를 붙잡고 지구 밖으로 나온 뒤 나를 기다리고 계시는 예수님을 만났습니다. 그리고 '아, 오늘도 입신의 은혜를 주시려는구나!'라고 깨닫게 되었습니다.

연약한 자들을 위한 중보기도

예수님은 내 손을 꼭 잡으시며 "사랑하는 딸아, 기다리고 있었다. 나와 함께 천국에 올라가자"라고 하시며 빠른 속도로 천국으로 이동했습니다.

유혜은: 예수님! 보고 싶었어요. 너무 지쳐서 기도하고 싶은데 기도가 나오지 않아 힘들어하는 지체들을 위해 기도하고 있었습니다.

예수님: 알고 있단다. 그렇게 기도가 막혀 있는 자들을 위해 중보기도하는 것을 나도 기뻐한다. 모든 사람이 연약하기에 늘 기도에 힘쓰라고 하는 이유도 거기에 있지. 네가 은사와 은혜가 부어진 것에 대해 자만하면 안 되는 것은, 너 또한 늘 나를 바라보고 있지 않으면 언제든 넘어질 수 있느니라. 모든 사람이 그러하단다. 그래서 깨어 있는 자는 잠자고 있거나 지쳐서 기도하지 못하는 연약한 자들을 위해 중보기도하고 기도의 불을 붙게 해야 한다. 혹시라도 네가 지쳐 기도하지 못하는 상황이 된다면 나도 너를 위해 중보기도 할 사람을 붙일 것이다. 그러니 피차 돌아보며 늘 깨어 기도하기를 힘써야 한다.

유혜은: 네. 더욱 깨어 기도하겠습니다.

예수님: 천국에서도 많은 영혼들과 천사들이 세상의 성도들을 위해 끊임없이 기도하고 있음을 알아야 한다.

유혜은: 그래요? 더욱 힘이 나네요. 믿음의 선진들이 천국에서도 세상의 성도들을 위해 기도한다는 것이 얼마나 큰 위안이 되는지요.

예수님: 그러니 당장 무엇이 이루어지지 않더라도, 현실이 너무 힘들어도 지지치 말고 계속 하나님께 기도할 것을 전하도록 해라.

유혜은: 네. 꼭 전하겠습니다.

예수님: 오늘은 어떤 곳을 보여주실지 궁금하고 기대가 됩니다.

한국의 순교자들을 보여 주시다

유혜은: 한복과 흰옷을 입은 이분들은 어떤 분들인가요?

예수님: 이전 조선 땅에 복음의 씨앗을 뿌리고 말씀을 전파하기 위해 헌신했

고, 또 순교하기도 했던 성도들이란다. 로버트 토마스 선교사를 비롯해 손양원과 이기풍 목사, 이현속과 박관준 장로, 문준경과 박기천 전도사를 비롯한 구연영 의병장, 김하석 독립운동가 등의 평신도들과 수많은 투옥 성도들의 헌신과 순교의 피가 오늘날 한국 교회를 세운 밑바탕이 되었다.

유혜은: 피 흘리기까지 신앙을 지키기 위해 싸웠던 신앙의 선배들로 덕분에 한국 교회가 성장해 왔는데, 오늘날 한국 교회가 선배들의 신앙의 순결함을 잘 유지하고 있는지 되돌아보게 되네요.

예수님: 땅끝까지 복음을 증거하고 열매를 거둘 일꾼으로 한국 교회를 도구로 사용하고자 한다. 그래서 한국 교회가 사명이 있음을 잊지 말고 깨어 있도록 기도해 주렴.

사명이 큰 한국 교회

예수님: 한국 교회는 수많은 순교자들과 일제강점기에도 신앙을 지키기 위해 모진 매와 고문을 당한 투옥 성도들이 지켜냈다. 하지만 이후의 놀라운 부흥과 성장에도 불구하고 말씀을 그릇되게 가르치는 거짓 교사와 물질과 권력에 물든 목사와 성도들로 말미암아 빛을 잃어가고 있구나. 이전에 길선주 장로의 회개와 고백에서 시작되어 회개 운동이 일어난 것처럼 다시 믿는 자들의 각성을 위해 기도를 부탁한다.

유혜은: 예수님! 타락한 목회자들과 한국 교회를 위해 기도하고 있는데, 그들이 끝까지 회개하지 않으면 어떡해요? 다른 복음을 전하는 목사들로 인해 성도들까지 미혹될까 봐 기도하지 않을 수 없습니다.

예수님: 한국 교회에 회개의 영이 가득하기까지 계속 기도해야 한다. 말씀이

온전히 선포되고 성령의 기름 부으심이 있도록 기도해야 한다. 그것만이 한국 교회가 살 수 있는 길이다. 이전에는 한국 교회가 제국주의와 공산주의 사상 그리고 군부 독재 정권에 의해 탄압을 받았다면 이제 광명의 천사로 가장한 사탄은 세속의 퇴폐하고 음란한 문화와 개인주의와 배금주의에 물든 세계관으로 교회를 물들게 하고 있다. 한국 교회는 마지막 때에 나의 사명을 감당할 성도들이기에 기름을 준비하고 신랑을 기다리는 처녀들처럼 깨어 있기를 당부한다.

유혜은: 주님, 반드시 전하겠습니다. 한국 교회가 순결함을 잃지 않도록 더욱 부르짖어 기도하겠습니다.

흠도 점도 없는 거룩한 흰옷

예수님은 다른 곳도 보여주셨습니다.

유혜은: 이 천국에 있는 많은 사람들이 하얀 옷을 입고 있네요? 단 하나의 오염도 없이 새하얗게 빛나는 옷을 입고 있어요.

예수님: 그렇단다. 이 천국은 정결하고 정결한 자들만이 올 수 있는 곳이다. 거룩한 이들만이 천국에 있을 수 있느니라. 아담과 하와가 범죄한 후로 인간 세상에 죄가 생겨났으나 나의 핏값으로 구원의 길이 열렸으니 하나님만 바라보며 정결하고 거룩한 삶을 살도록 권면해 주어라. 또 설사 죄지었다 해도 즉시로 회개하고 하나님께로 나아와야 한다.

유혜은: 네. 예수님. 우리가 주님의 은혜가 아니었으면 어찌 살까요?

천국의 아름다운 모습

유혜은: 이 아름다운 천국에는 언제나 이렇게 기쁨과 평안만이 넘치네요. 어머? 음표들이 날아다니네요? 반주를 해서 기본음과 박자 정도는 알고 있다고 생각했는데, 이처럼 환상적인 하모니는 처음 들어봅니다. 여기 천국에서는 박치도 음치도 없나 봐요. 날아다니는 음표를 잡아 아름다운 화음으로 찬양하는 사람들이 너무 멋지네요. 진짜 아름다워요.

세상에서 예수님 때문에 핍박받은 자들이 가는 천국

유혜은: 지금 가는 곳은 어디인가요?

예수님: 세상에서 살면서 예수 믿는다고 많은 핍박을 받은 자들이 하나님께 위로를 받는 곳을 보여주려고 한다.

그렇게 말씀하시는 가운데 세상에서 일어나는 한 환상을 보여 주셨습니다.

유혜은: 저 여인은 교회 간다는 이유로 남편에게 폭행을 당하고 심지어 교회 가는 길에 남편에게 돌에 맞아 뒷머리에서 피가 흐르고 있네요.

예수님: 천국에 들어오는 자에게 생명의 면류관을 준다. 지금 본 환상처럼 예수 때문에 핍박받는 자들은 생명의 면류관은 말할 것도 없고 주님께 많은 위로를 받게 되느니라.

유혜은: 신앙으로 인해 핍박받고 고난을 당한 사람들의 상처를 주님께서 친해 싸매 주시고 마음의 상처 난 곳에는 이렇게 아름다운 황금으로 채워서 위로해 주시네요.

성도들의 헌신과 수고가 상급으로 쌓이다

예수님: 성도들의 헌신과 수고가 하나도 땅에 떨어지지 않고 하늘에 상급으
로 쌓인다는 걸 아느냐?

유혜은: 네. 주님. 사람에게 보여주기 위한 것이나 자기 영광으로 취하지 않
고 온전히 주님께 드릴 때 하늘의 상급으로 채워 주신다고 말씀을
통해 배웠습니다.

예수님: 그렇지. 주를 향한 성도들의 수고와 헌신이 천국에 올라올 때마다
그 상급이 하나하나 쌓이게 되느니라.

유혜은: 지난번에 천국에 각자의 집이 있는 것을 보여 주셨잖아요? 그 섬김
과 헌신으로 인한 상급이 천국에 있는 각자의 집의 재료로 쓰이는
건가요?

예수님: 주를 향한 헌신과 수고는 하나도 빠짐없이 기록되고 쌓여서 아름다
운 보석들로 천국에서 집을 짓는 재료가 된단다.

유혜은: 에메랄드빛보다 더 아름다운 보석들이에요. 주님! 주를 위해 수고하
는 것들은 모두 이 아름다운 것들로 갚아주시는 거군요.

다른 사람의 눈에 피눈물이 흐르게 하면

예수님: 오늘은 다른 사람의 눈에서 피눈물이 흐르게 하고도 회개하지 않아
온 지옥을 보여 주려고 한다.

유혜은: 저는 예수님이 보여 주시는 대로 그저 순종하겠습니다.

예수님의 손을 잡고 아래로 내려가는데 시궁창 같은 냄새가 심하게 났
고, 너무 지저분한 쓰레기 더미들이 쌓인 곳을 보았습니다. 이곳 지옥처럼
마귀들은 더럽고 추악하며 지저분하고 악한 것들이라는 생각이 절로 들

었습니다.

거짓과 교활로 무고한 자들을 억울하게 만든 자들의 지옥

유혜은: 이곳에는 사기를 치거나 보이스 피싱 같은 범죄로 무고한 자들을 억울하게 하고 힘들게 했던 자들이 회개치 않아 오는 지옥인가 보네요.

예수님: 이자들은 거짓되고 교활한 악한 영에 사로잡혀 무고한 사람들을 억울하게 만들고 심지어 자살까지 몰아가게 했다. 평생 사기를 치고 한 번도 회개하지 않은 자들이니라. 이들이 저지른 일을 보렴.

유혜은: 사기 친 사람들에 의해 모든 재산을 잃고 낙심한 가장이 가족들을 남겨두고 물속으로 뛰어드는 장면이 보이네요. 저 사람이 예수님을 알았더라면 죽음을 선택하지 않았을 텐데…. 사기를 쳐서 사람을 죽게 한 악한 자들이 그들이 행한 대로 형벌을 받고 있네요.

　　마귀가 사기꾼의 뒤에 와 있는데도 모르고, 마귀는 불덩어리째로 악한 자의 몸속으로 들어갔어요. 사기꾼은 자신의 장기들과 살들이 타들어가는 검은 그을음과 냄새로 자신들이 형벌을 받고 있는 걸 알게 되네요. 마귀는 악한 자들의 앞에서 놀리고 비웃으면서 혀와 눈을 모두 파서 먹어버렸습니다. 또 집게가 달린 수천 마리의 벌레들을 집어던져서 그들의 목과 손발을 다 잘라내네요.

예수님: 마귀와 사탄은 수단과 방법을 가리지 않고 한 영혼이라도 지옥으로 끌고 가기 위해 늘 사람들을 노리고 있단다. 그래서 성도들은 더욱 깨어서 기도해야 하지. 남의 돈을 빌리고 갚지 않는 것도 죄이니라.

유혜은: 네. 정말 악한 자들이네요. 비록 많이 억울하다 해도 주님이 모두 갚아주시니 우리가 직접 복수하지 말아야 할 것과 늘 깨어 기도해야

할 것을 다시금 깨닫게 됩니다.

거짓과 이간질로 괴롭힌 자들의 지옥

유혜은: 예수님! 지금 가는 곳은 어디인데 끝도 없이 가는 느낌입니다.

예수님: 이곳은 자신보다 약한 사람들을 괴롭혔던 사람들이 회개할 기회를 얻지 못하고 죽어서 오는 지옥이니라. 그 마음에 하나님이 없었고 나를 몰랐기에 결국 지옥에 왔구나.

유혜은: 환상이 보이네요. 교복을 입은 학생들이 삥 둘러 서 있어요. 담배를 피우는 학생도 있고 칼을 든 학생도 보이네요. 둘러선 가운데에는 장애를 가진 학생이 피를 흘리며 살려 달라고 애원하고 있어요. 아마도 이런 학교 폭력이 계속되었나 봅니다. 피해자인 학생이 고통을 견딜 수 없어 아파트에서 뛰어내리고 있어요. 어떡해요! 피해자가 극단적인 자살로 삶을 마무리하다니요. 또 다른 장면이 보이는데, 가해자 중 한 명이 교통사고로 죽게 되네요.

그렇게 남을 괴롭히다가 회개하지 않은 상태로 교통사고로 갑자기 죽어 지옥에 오게 된 자가 보여요. 이 사람이 받는 형벌도 아주 무시무시하네요. 형벌이 어찌나 고통스러운지 그의 영혼이 절규하고 있네요.

"예수님을 믿었어야 하는데…. 누군가가 복음을 전해줬는데, 내가 거부했어. 만약 내가 예수님을 믿었다면 친구들을 괴롭히지도 않았을 테고 더럽고 징그러운 지옥에 오지도 않았을 텐데…."

또 다른 사람의 비명 소리가 아주 크게 들려요. 저자는 무슨 죄를 지어서 이렇게 무서운 형벌을 받고 있나요?

예수님: 저 사람은 직장에서 복음을 전하던 동료가 미워서 이간질하다가 집

단 따돌림까지 했단다. 처음에는 조금씩 은근히 따돌리다가 점점 미움이 커져서 나중에는 직장 전체에 거짓말과 이간질을 놓아 무고한 사람을 사회적으로 매장시키는 짓을 했지. 하지만 얼마 되지 않아 병이 들어 죽게 되었고, 이 지옥에 떨어졌다.

유혜은: 사람이 심은 대로 거둔다는 말씀이 생각이 나네요. 더군다나 하나님이 창조하시고 걸작품이라고 칭하신 피조물을 괴롭힌 사람이군요. 쓰레기가 산더미처럼 쌓인 곳에서 입술로 지은 죄에 대한 모든 형벌을 다 받는 것 같아요. 징그러운 뱀들이 입속에 우글거리고 있고, 소리를 지를 때마다 입에서 튀어나와 곧 다시 살을 뚫고 몸으로 들어가 고통을 가하네요.

　이 세상 사는 동안 예수님 잘 믿고 주님 성품을 닮아가기 위해 힘쓰면 이런 지옥에 안 올 텐데…. 지옥을 볼 때마다 정말 예수님 잘 믿어야겠다는 생각과 믿지 않는 자들에게 꼭 전해야겠다는 다짐을 하게 되네요.

이렇게 말하는 동안 예수님과 함께 천국으로 올라왔습니다.

예수님: 그래서 힘써 기도해야 한단다. 대적 마귀가 우는 사자 같이 두루 다니며 삼킬 자를 찾고 있느니라. 그래서 믿음을 굳건하게 하여 마귀를 대적하라고 하는 것이다. 때가 악하니라. 마귀에게 틈을 보이지 않기 위하여 쉬지 말고 기도해야 한다. 믿는 이들조차 살인이나 성폭행과 같은 중범죄가 아닌 작은 죄들에 대해 가벼이 여기는 경우가 많단다. 죄에는 크고 작은 정도의 차이가 없다. 죄는 죄이니라! 성도들이 아무 생각 없이 짓고 있는 죄에 대해 근신하고 깨어 있어야 한

다. 영적으로 민감하게 깨어 있어야 자신이 지은 죄를 깨닫고, 그 죄에 대해 회개할 수 있단다. 그래서 늘 말씀과 성령이 양팔 저울처럼 균형을 이루어야 한다는 것을 기억하렴.

성령의 기름 부으심

이어서 예수님은 성도들이 성령의 기름 부으심에 대해 세 가지로 반응하고 있음을 말씀하셨습니다.

첫째, 성령 시대가 끝났다고 주장하는 이들은 말씀을 제대로 알지 못할 뿐더러 주님을 잘 알지 못하는 자들이라고 말씀해 주셨습니다. 지금도 이 땅에서 일하시고 계시는 성령의 존재 자체를 인정하지 않으면서 생각없이 성령님에 대한 찬양을 부르고 있다고 말씀하셨습니다.

둘째, 성령의 함께하심을 믿지만, 자신이 받아들일 수 있는 성령님만 믿는 자들이 있다고 하셨습니다. 영을 다 믿지 말고 오직 영들이 하나님께 속하였나 분별하라는 말씀처럼 늘 자아를 십자가 앞에 내려놓고 미혹의 영에 빠지지 않도록 당부하셨습니다. 그래서 진리의 영이 온전히 일하심을 믿고 받아들일 것을 권면하셨습니다.

셋째, 지금도 성령의 기름 부으심을 구하면서 자신의 영혼이 더욱 순전하고 정결하여져서 하나님의 영광을 드러내고 하나님 나라 확장을 위해 쓰임 받는 통로가 되기를 원하는 자들을 주님이 기뻐하십니다. 하나님의 도구로 쓰임 받기 위해 계속 힘써 기도하는 자들을 주님이 너무나 기뻐하신다는 것을 꼭 전해 달라고 당부하셨습니다.

예수님은 한참 동안 말씀하신 후 나를 지구 밖까지 데려다주셨습니다. 예수님과 헤어지는 것이 아쉬워 주님의 손을 놓기가 싫었습니다. 기도하던 자리로 돌아온 나는 오늘도 은혜 주심에 감사하여 오직 주님만 영광 받으시기를 기도드렸습니다.

. . . . ' . . . . ' . . ' . . . ● . . . . .

오늘은 특히 하나님께 속한 영을 분별할 수 있도록 은혜를 구합니다. 마귀의 교활하고 간악함에 쉽게 넘어질 수밖에 없는 연약한 인간이기에 늘 하나님께 속하여 깨어 기도하며 영적 민감함을 유지하게 하여 주소서. 모든 것을 인도하시는 예수님의 이름으로 감사기도를 드립니다. 아멘.

지난번 입신 체험 때 생수의 강에서 생수를 마신 후 편도 가까운 혀뿌리에 손가락 한 마디만큼 깊고 넓게 패여 있던 베체트 증상이 사라졌습니다. 약 처방과 주사로도 가라앉지 않던 통증이 깨끗이 없어졌습니다. 그런데 이번에는 오른쪽 혀뿌리에 통증이 시작되어 목사님께 안수기도를 받았습니다. 목사님은 통증이 있는 곳에 생수의 강이 흘러넘치도록 기도해 주었습니다. 나는 "아멘"으로 화답했고, 안수기도를 받은 후 늘 기도하던 자리에서 기도하기 시작했습니다.

보혈 찬양을 부르고 통성으로 기도하려고 했으나 혀가 아파서 소리를 낼 수 없었습니다. 속으로 기도하던 중 예수님이 구름 위에 서신 채 내가 기도하는 자리까지 오신 것을 보게 되었습니다.

이것도 환상인가 생각하는 중인데, 예수님이 "사랑하는 딸아, 함께 천국에 가자"라고 말씀하셔서 입신이 시작되는 것을 깨달았습니다.

유혜은: 주님! 제가 힘든 거 아시고 여기까지 데리러 오신 거예요? 감사합니다.

지구 밖에서 황금마차를 보다

지구 밖까지 예수님과 함께 올라가자 황금마차가 기다리고 있었습니다. 천사가 마차를 몰았고, 예수님과 나는 뒷자리에 편하게 앉아서 천국으로 올라갔습니다. 나는 너무 황송해서 "주님! 저의 연약함을 너무나 잘 아시고 이런 귀한 은혜를 베풀어 주시니 감사합니다"라고 고백을 드렸습니다.

생명수 강가로 인도해 주시다

천국에 도착하자마자 예수님은 생명수 강가로 인도해 주셨습니다. 생명수 강 한쪽에 분수대 광장 같은 곳이 있었는데, 마치 내가 어린아이가 된 것처럼 생명수 분수를 마시고 온몸으로 뒹굴면서 행복하게 실컷 뛰어놀았습니다. 잠시 후 예수님이 말씀하셨습니다.

예수님: 사랑하는 딸아, 네 몸속에 있는 질병의 근원들이 모두 뽑혀져 나갈 것이다. 네게 허락된 성령의 은사들이 선명하게 펼쳐질 것이니라.

유혜은: 아멘! 예수님!

한참 시간이 흐른 후 예수님이 오늘도 천국의 귀한 것들을 보게 되는 선물을 주시겠다고 하셨습니다. 그리고 예수님이 이끄시는 대로 천국 문쪽으로 따라갔습니다. 오늘도 기대하는 마음으로 어떤 귀한 은혜를 허락하실지 여쭈었습니다.

예수님: 잘 보거라!

한 영혼이 구원받을 때의 천국 잔치

눈에는 세상에서 한 사람이 주님을 영접하는 기도를 하는 장면이 보였습니다. 그러자 천국에서 큰 잔치가 열렸습니다.

예수님: 천하보다 귀한 한 영혼이 돌아오는 것이 참으로 귀하도다!
유혜은: 한 영혼이 주님께 돌아올 때 천국에서 큰 잔치가 열리는 것을 보니
　　　　정말 전도를 열심히 해야겠네요.

천국의 영혼은 세상에서 가장 예쁘고 건강할 때의 모습이다

예수님: 이 천국 문을 보아라.

예수님이 말씀하시는 그 순간에 세상에서 어떤 말기 암 환자가 임종하는 모습과 함께 그 영혼이 몸을 떠나 천사의 인도로 천국 문으로 오는 것이 보였습니다. 그런데 그 영혼이 천국 문을 열고 들어올 때는 병이 깨끗하게 나은 상태였고, 빛이 나는 흰옷을 입고 들어왔습니다. 예수님의 보혈로 눈보다 더 희게 된다는 찬송 가사가 떠오를 만큼 강렬했습니다.

더 놀라운 것은 세상에서 임종할 때는 연로하고 깡마른 데다 말기 암으로 인해 보기에도 딱할 정도로 아픈 모습이었습니다. 하지만 천국 문이 열리고 그 영혼이 들어오는 모습을 보니 세상에서 가장 예쁘고 건강할 때의 모습으로 들어오는 것이었습니다. 그 순간 나도 모르게 감탄하고 있었습니다.

'아! 천국은 아픔도 없고 정말 가장 행복한 곳이구나!'

그 영혼이 활짝 웃으며 천국으로 들어올 때 천국 행진곡 같은 아름다운 음악이 들렸습니다. 문 앞에는 많은 천사들과 믿음의 선진들이 양쪽으로

서서 박수하면서 찬양을 불렀습니다. 혼인 잔치처럼 화려하고 기쁨의 큰 잔치가 벌어지고 있었습니다.

한 영혼이 주님을 영접하는 잔치도 너무나 멋지고 이 세상에서는 결코 볼 수 없는 근사한 잔치였습니다. 그런데 세상에서 한 사람이 주님만 바라보고 살다가 나그네 같은 인생 여정을 모두 마치고 주님 품에 안길 때는 가장 멋지고 화려한 천국 잔치가 벌어진다는 것을 알게 되었습니다. 그 영혼은 양쪽으로 도열한 이들의 칭송을 받으며 주님 앞으로 나아갔습니다. 주님은 그 영혼을 안아 주시면서 "고생했다! 수고했다. 끝까지 믿음을 놓지 않고 천국에 온 것을 기뻐하고 환영한다!"라고 위로하셨습니다. 그 영혼이 감사의 눈물을 흘리며 주님 품에 안기는 것을 보니 나도 너무 기뻐서 눈물이 났습니다.

참으로 이 땅의 모든 영혼들이 예수님 잘 믿고 천국에 와서 주님 품에 안겼으면 좋겠습니다. 내가 넋을 놓고 한참 동안 그 영혼을 바라보고 있는데, 주님이 여러 말씀을 해 주셨습니다.

"믿음이 무엇인 줄 아니? 순종이 무엇인 줄 아니? 자기부인이 무엇인 줄 아니? 하나님의 마음과 사랑을 구하는 것이 무엇인 줄 아니?"

이런 질문과 함께 말씀해 주셨습니다.

예수님: "네가 믿으면 하나님의 영광을 보리라"라는 말씀을 아느냐? 믿음이라는 것은 성경에서 "바라는 것들의 실상이요 보이지 않는 것들의 증거"라고 한 것처럼 당장 손에 쥐어지는 것이 아무것도 없고 현실에서 아무것도 안 보인다 해도 하나님을 신뢰하며 마음에 확신을 갖는 것이 바로 믿음이란다. 그래서 히브리서 11장 6절 말씀처럼 "믿음이 없이는 하나님을 기쁘시게 하지 못하나니 하나님께 나아가는

자는 반드시 그가 계신 것과 또한 그가 자기를 찾는 자들에게 상 주시는 이심을 믿어야 할지니라"라고 말하는 것이란.

유혜은: 네. 예수님! 저도 믿음 좋은 사람이 되고 싶어요.

주님은 나의 대답에 고개를 끄덕이시며 말씀을 이어가셨습니다.

예수님: 순종이란 하나님의 선하시고 기뻐하시고 온전하신 그 뜻대로 따르는 것을 말한단다. 골고다 십자가 언덕길을 오를 때 내 마음이 어떠했을지 생각해 본 적 있느냐?

유혜은: 만약 저라면 하나님의 말씀에 순종하지 못했을 것 같아요. 인간의 모습으로 오신 예수님도 쉽지 않으셨을 텐데…. 하나님 아버지의 뜻을 이루기 위해 그저 순종하신 예수님을 본받고 싶어요.

예수님: 그래 순종이라는 것은 내가 하고 싶은 대로가 아니고, 내가 할 수 있는 만큼도 아니고, 내가 원하는 방법으로가 아니다. 오직 하나님이 원하시는 대로, 하나님이 원하시는 만큼, 하나님의 방법으로 그저 따르는 것이 순종이란다.

유혜은: 네! 저도 순종의 사람이 되고 싶습니다.

주님은 계속해서 말씀을 이어가셨습니다.

예수님: 그러면 자기부인(自己否認)이라는 말이 마음에 정확히 다가오니?

유혜은: 글쎄요? 나를 내려놓는 것으로 알고 있는데요. 자기부인이 정말 쉽지는 않은 것 같아요. 더군다나 자기부인은 한 번 하고 마는 것이 아니라 죽을 때까지 해야 하는 것이라 더 어려운 것 같아요.

예수님: 그래. 많은 그리스도인들이 내려놓음을 잘하지 못해서 나를 진정으로 만나지 못하는구나! 자신의 주인 자리에 자기를 없애고 주님을 온전히 그 자리에 앉혀 드리는 것이 자기부인이란다. 그것이 말처럼 쉽지는 않지만, 하나님만 사랑하면 할수록 자기부인이 쉬워진단다.

유혜은: 아, 하나님을 많이 사랑할수록 자기부인이 쉬워지는 것이군요. 명심하겠습니다.

무리와 제자들을 불러 이르시되 누구든지 나를 따라오려거든 자기를 부인하고 자기 십자가를 지고 나를 따를 것이니라 (마가복음 8:34)

예수님의 말씀은 내게 한 말씀 한 말씀이 뼈에 새겨지는 듯했습니다.

예수님: 너는 하나님의 마음과 사랑을 구하는 자로구나.

유혜은: 네? 저같이 부족한 자에게 그렇게 말씀해 주시니 어찌해야 할 바를 모르겠네요. 그저 주님 품에 안길 때까지 하나님의 마음과 사랑을 구하는 자가 되고 싶고 또 변질되지 않는 자가 되고 싶습니다.

예수님: 네가 나를 향하여 늘 말하지 않았느냐? 네가 늘 주님밖에 없으며, 주님 한 분만 있으면 아무것도 필요 없다고 한 고백을 내가 안다. 하나님의 마음과 사랑을 구한다는 것은 하나님 한 분만으로 모든 것이 채워짐을 고백하는 것이다.

　　세상에는 이 땅의 것에 목숨을 거는 사람들이 많단다. 그나마 나를 사랑한다고 입술로만 고백하는 자들은 이렇게 말한다. "나는 하나님의 마음과 사랑을 원합니다. 하지만 다른 것도 함께 원합니다." 즉 예수를 믿는다고 하면서 세상에 한 발을, 교회에 다른 한 발을 걸

쳐놓는 이들이 많다. 자기 욕심 때문에 자기들이 가진 것과 인간적으로 하고 싶은 것들을 내려놓지 못해서 오롯이 하나님만을 향한 마음의 고백을 할 수 없단다. 반면에 '하나님만 제게 있으면 됩니다'라고 고백하는 자들은 많지 않구나.

유혜은: 결국 믿음, 순종, 자기부인, 하나님의 마음과 사랑을 구하는 것이 하나님 한 분만 사랑할 때 가능한 것이군요! 부족하고 무지한 저를 깨우쳐 주시니 감사합니다.

　　하나님을 알지 못하고 찾지도 않는 자들이 정말 많아요. 이들이 예수님의 십자가 사랑을 빨리 깨달아야 할 텐데요.

예수님: 나를 알지도, 찾지도 않는 것이 교만 때문이다. 인생의 여정을 하나님께 맡기지 않고 자신의 힘으로 살려는 자체가 교만이니라.

유혜은: 많은 사람들이 온유하시고 겸손의 왕이신 예수님을 따랐으면 좋겠어요.

예수님: 이제 지옥에 가려고 한다. 더 이상 회개할 수 없고 고통만 영원한 지옥의 상황을 보고, 있는 그대로 전해 주렴.

마약에 의존한 자들의 지옥

예수님과 함께 내려가서 어느 지옥에 도착하게 되었는데, 숨이 멎을 것만 같은 곳이었습니다.

유혜은: 여기는 어떤 죄를 지은 자들이 회개하지 않고 죽어서 오게 되나요?

예수님: 이곳은 마약을 흡입하면서 자신을 마약에 내맡기고 중독되어 그로 인해 각종 범죄를 저지른 자들이 예수를 믿지 않고 회개하지 않아서 온 지옥이다.

유혜은: 숨이 멎는 것 같은 느낌이 들어요. 이 지옥에 있는 영혼들은 세상에
서처럼 여기서도 마약에 취해 정신이 하나도 없어 보여요. 마약을
흡입한 데 따른 형벌도 무시무시한데 자신들이 지은 죄에 대해 마귀
가 괴롭히는 형벌은 더 징그럽네요. 주님의 은혜를 경험했다면 마약
의 세계를 벗어나 범죄하지 않았을 텐데…. 마약에 중독된 이들에게
복음을 전해야 할 이유가 더욱 선명해졌네요. 다른 곳으로 가면 안
될까요? 숨쉬기 힘드네요.

예수님: 다른 곳으로 가기 전에 세상을 잠시 보아라!

무당에게 내일을 맡긴 자들의 지옥

예수님이 보라고 하신 세상에는 많은 사람들이 무당에게 점을 보면서
인생의 길을 묻고 있었습니다. 그 가운데 어떤 무당이 이렇게 말하는 것
이 들렸습니다.

"교회 집사고 권사고 점 보러 오는 교인들 진짜 많아! 예수는 뭐 하러
믿는 거야! 예수 이렇게 믿을 거면 차라리 믿지나 말지!"

무당이 무속에 의지해 점 보러 오는 교인들을 조롱하는 소리가 들렸습
니다.

유혜은: 어머! 점 보러 가는 교인들이 예수님을 욕 먹이고 악한 영들에게 조
롱을 받고 있어요. 무당을 찾아다니면서 점을 보는 사람들이 이렇게
많은 줄 몰랐어요. 게다가 믿는 이들 가운데 몰래 점 보러 가는 사람
들이 이렇게 많네요. 주님이 제일 가증히 여기시는 죄 중 하나가 점
쟁이나 무당이나 신접자를 용납하는 것이라고 하셨는데, 주님이 두
렵지 않나 봐요.

예수님: 세상에 가면 반드시 전하거라. 무당을 찾아가거나 여타 점을 치는 행위는 하나님이 가장 싫어하시는 죄이다. 재미로라도 결코 점을 치지 말아야 한다. 또한 우상 숭배의 죄에 대해 하나님이 매우 진노하신다는 것을 잊지 마라. 불상에 절하고, 무당을 불러 굿을 하고, 미신을 따르는 우상 숭배의 죄를 범하지 말아야 하며, 모르고 지은 죄라면 반드시 회개해야 한다.

유혜은: 제가 보게 될 지옥은 이런 죄를 짓고도 회개하지 않아 지옥에 떨어진 자들이겠네요.

예수님: 그렇단다. 우상 숭배는 가장 큰 죄 중의 하나이니라.

예수님의 대답을 듣는 중에 비명 소리와 함께 지옥에 온 자들이 무서운 형벌을 받는 장면이 보였습니다.

유혜은: 아! 이곳에 온 자들의 형벌이 너무 잔인하고 징그러워서 뭐라고 표현을 못하겠어요.

예수님: 그러니 회개할 목숨이 붙어 있을 때 반드시 회개해야 한다.

우상 숭배하는 문신은 하나님이 기뻐하지 않으신다

유혜은: 그런데 저 사람들은 온몸에 혐오스러운 문신을 했네요. 마귀를 상징하는 듯 보여요. 문신이나 타투가 하나님의 뜻에 합당치 않은 것인지요?

예수님: 하나님이 창조하신 몸을 훼손하는 것도 범죄이지만, 옛날부터 많은 사람들이 문신을 부적처럼 여기고 새겨서 우상 숭배를 해왔다. 악귀들로부터 보호해 줄 것이라 여기며 새긴 문신이나 타투가 오히려

우상 숭배와 같은 미신이기에 하나님이 기뻐하지 않으신단다.

유혜은: 주님이 기뻐하지 않으시는 것은 죄이지요?

예수님: 그렇지. 하나님이 싫어하는 것을 행하는 자체가 죄란다.

유혜은: 저들이 무서운 형벌을 받는 것만 봐도 알 것 같아요. 너무 징그럽고
      섬뜩하네요.

예수님: 마지막 때가 가까울수록 사람들은 두려움과 불안을 이기기 위해 우
      상과 미신에 더욱 몰려들 것이다. 죄의 길을 돌이켜 회개하고 하나
      님께로 나아와야 지옥에 떨어지지 않을 것이다.

어두움과 빛은 함께 거할 수 없다

천국으로 올라올 때는 지옥으로 내려갈 때보다 몇 배나 빠른 속도로 금
방 올라왔습니다. 비명 소리와 시궁창 같은 역겨운 냄새, 그리고 살이 타
면서 나오는 그을음과 검은 연기를 뒤로한 채 지옥을 벗어났습니다.

유혜은: 예수님! 천국과 지옥은 완전히 반대네요. 천국은 기쁨과 찬양이 있
      지만, 지옥은 절망과 비명뿐이었어요.

예수님: 그렇단다. 어두움과 빛은 함께 거할 수 없느니라. 빛이 있는 곳에
      어두움은 물러가게 된단다. 천국에는 영원히 생수의 강이 흐르지
      만, 지옥은 목이 타도 물 한 모금 얻을 수 없는 곳임을 보여 주지
      않았느냐?

유혜은: 맞아요. 영원을 생각하면 세상에서 사는 것은 단 하나의 점에 불과
      하지요. 그런 세상에서 영원히 살 것처럼 서로 싸우고 이기심으로
      가득 차서 남을 짓밟고 어리석게 살고 있네요.

예수님: 무엇보다 주의 종과 주의 자녀들이 소금과 빛의 사명을 잘 감당해

주길 당부한다. 소금이 녹아서 그 사명을 잘 감당할 때 빛의 사명도 온전히 감당할 수 있음을 잊지 마라. 말씀처럼 늘 경건에 이르는 연습을 해야 한다. 다시 말하지만 어두움과 빛은 공존할 수 없어. 세상에 한 발을 담그고 교회에 또 다른 발을 담그고 있는 자들은 자신의 이기심과 욕심으로 살기 때문에 아직도 나를 모르는 자들이니라. 정결하고 거룩하여질 것을 전해 다오. 천국에 들어오는 자가 많지 않다는 것에 대해 경각심을 갖고 깨어 기도해야 한다.

예수님은 마지막으로 몇 가지를 더 당부하셨습니다.

예수님: 성령의 열매와 은사는 마지막 때 하나님의 영광과 교회 안에서 성도의 유익을 위해 더욱 필요할 것이다. 마음이 돌과 같은 영혼들을 살리는 일에 무기로 사용될 것이다. 그러니 성령의 기름 부으심을 사모하라.

유혜은: 네! 명심하고 저도 말씀하신 대로 살겠습니다.

깨어 기도하는 교회
예수님: 잠시 세상을 보아라!

우리 교회와 많은 교회에서 열심히 주님께 부르짖으며 간절히 기도하는 자들과 깨어 기도하는 자들을 보여 주셨습니다.

예수님: 이 사람들이 중보기도자의 사명이 있는 자들이다. 영적 근육들이 더욱 강하여져서 기쁘구나!

유혜은: 모든 것이 주님의 은혜입니다. "항상 기뻐하라 쉬지 말고 기도하라 범사에 감사하라" 하신 것처럼 하나님의 선하시고 기뻐하시고 온전하신 뜻이 무엇인지 분별하여 살기를 원합니다.

예수님은 나를 황금 마차에 태워 지구 밖까지 데려다주셨습니다. 감사의 인사를 드리면서도 예수님과 헤어지기 아쉬워 계속 쳐다보면서 손을 흔들었습니다. 내 육체 속으로 평안하게 영혼이 들어온 것을 느끼자 성부, 성자, 성령의 삼위 하나님께 감사와 영광을 올려드렸습니다.

• • • • • • • ' • • • • • ' • • — • • • • • •

주님! 고맙습니다. 더욱 믿음으로 살고 매 순간마다 자기를 부인하고 하나님의 마음과 사랑을 구하는 우리가 되게 하여 주시옵소서. 순종함으로 매일 주님 앞으로 나아올 수 있도록 하여 주시고, 우리를 불쌍히 여기셔서 도와주소서! 오늘도 두렵고 떨림으로 주님만을 경외합니다. 감사하신 예수님의 이름으로 기도드립니다. 아멘.

기도하던 중 부지불식간에 천국 문에 와 있어서 환상인가 생각했습니다. 그때 예수님이 "어서 오거라. 사랑하는 딸아"라고 말씀해 주셔서 천국에 왔음을 알게 되었습니다. 당시 지인의 영혼을 위해 애타는 마음으로 기도하고 있었는데, 기도 자리를 둘러싸고 있는 천사들을 환상으로 보게 되었습니다. 그리고는 중보기도를 하던 지인을 변화시켜 주셔서 천국에서 어떤 모습으로 있게 될지 미리 보여 주셨습니다.

천국에는 아픈 사람이 없다

　내가 중보기도하던 분은 돌이 지날 무렵 몸에 열이 나는데, 시골에서 제때 치료하지 못해 반평생을 소아마비로 인해 한쪽 손이 불편한 채 살아왔습니다. 주님이 천국에서 그분을 환상으로 보여 주시는데, 천국에서 그의 모습은 양손이 정상이었고 뷘 모습 가운데 가장 젊고 멋있는 모습으로서 있었습니다. 나는 너무 기쁜 나머지 그분의 손을 잡고 "양쪽 손 다 건강하네요"라고 말하면서 펄쩍펄쩍 뛰는 환상이 보였습니다.

성도들의 헌금이 가난한 자들에게 흘러가야 한다

예수님: 지인을 위해 네가 많은 중보기도를 해야 한다. 너의 기도를 통해 그가 믿음을 갖게 될 것이고, 나를 만나 회개함으로 이 천국으로 오게 될 것이니라.

유혜은: 네. 예수님! 더욱 열심히 중보기도하겠습니다. 오늘도 무엇을 보여 주시고 무슨 말씀을 하실지 궁금하고 기대가 됩니다.

예수님: 세상 많은 사람들은 물질이 최고인 줄 알고 산다. 나를 믿는 자들도 헌금 내는 것에 대해 아까워하는 마음으로 드리는 자들도 많고, 목회자가 십일조 헌금에 대해 이야기하면 불쾌해하거나 짜증 내는 사람들도 많단다. 만군의 주요, 만왕의 왕이신 여호와 하나님은 모든 만물의 주인이시기에 부족함이 없으신 분이시다. 그분은 십일조를 비롯한 헌금을 기쁘게 드리는 마음을 귀히 여겨 그들의 삶을 윤택케 하여 주시기를 원하시는 분이다.

유혜은: 원래 주님의 것을 우리가 사용하고 있기에 감사하는 마음으로 십 분의 일만 드리는 것인데, 그것조차 아까워 인색하게 내는 자들을 보시면 주님의 마음이 어떠할지 생각해 보게 되네요. 저는 교회들이 겉모습을 치장하고 벽돌을 더 쌓아 올리기보다 헌금으로 어려운 이웃을 구제하고 기아와 병마에 시달리는 제3세계 선교지를 지원해 주면 좋겠다는 생각을 많이 했습니다.

예수님: 네 말이 맞다! 교회를 크게 성장시키는 것보다 작은 교회라도 참된 복음을 전하여 제자를 길러내고, 이웃을 구제하고 긍휼을 베푸는 일에 교회가 앞장서기를 바란다. 그래서 윤택한 교회와 성도들의 헌금이 가난한 자들에게 흘러가게 해야 하고, 구제와 선교를 통해 평균케 되어야 한단다.

그렇게 말씀하시고는 내 손을 잡고 어느 방을 보여 주셨습니다.

주의 종들을 위한 상급

예수님: 구제와 선교로 수고할 때 천국에서는 큰 상급이 이 방에 쌓인단다.

유혜은: 주님은 작은 것 하나까지 세밀하게 긍휼을 베풀어 주시네요. 주님을 위해 목숨 걸고 인생을 드린 선교사들에게 큰 상급을 아끼지 않으시고 모두 부어 주시는군요.

예수님: 나를 사랑하는 자들이 나의 사랑을 입게 된다. 아끼지 않고 나를 사랑하는 자들에게 나는 전부를 내어줄 것이다. 특히 외롭고 힘든 곳인 낙도나 깊은 산골과 농어촌에서 교회와 성도들을 섬기기 위해 수고하는 주의 종들에게는 많은 위로를 전하고 싶고, 그 목회가 얼마나 값진 것인지 칭찬하고 싶구나. 한 영혼, 한 성도를 위해 보다 쉬운 목회의 길을 포기하고 자원하여 섬기는 주의 종들에게 더 큰 상급으로 갚아줄 것이다.

이후로 예수님의 손을 잡고 밑으로 계속 내려갔습니다.

돈에 사로잡힌 자들의 지옥

여전히 지옥에서는 여기저기서 비명 소리가 들려왔고, 역겨운 냄새와 함께 살기만 가득했습니다. 너무 컴컴해서 잘 볼 수 없었지만 영은 그대로를 느낄 수 있었습니다. 그리고 지옥에서도 주님이 보여 주시는 곳은 신기할 정도로 잘 보였습니다.

예수님: 이 세상은 잠시 잠깐인데 사람들은 갈수록 배금주의에 빠져서 죽어

도 가지고 갈 것처럼 혈안이 되어 있구나.

유혜은: 그러한 자들이 구제와 선교를 통해 복음을 흘려보내는 물질의 통로로 쓰임 받을 수 있다면 얼마나 좋을까요?

예수님: 많은 성도들이 이 세상의 것에 욕심을 부리고 거기에만 매달려 있지 않기를 바란다. 물질에 대한 욕심으로 인해 시기와 질투가 생기고 그것이 커져서 분노와 저주를 퍼붓고 살인까지 저지르게 만든다. 돈을 사랑하고 그 욕심으로 인해 지은 죄를 해결하지 못한 자들의 지옥이 보이느냐?

유혜은: 이 지옥은 지폐와 수표로 꽉 차 있네요. 그런데 사람들이 지폐와 수표를 계속 찢어서 먹고 토하고를 계속 반복하고 있는데, 큰 구렁이가 똬리를 튼 채 사람들의 온몸을 완전히 짓눌러 버렸어요. 구렁이에겐 송곳들이 수없이 박혀 있는데 사람들을 짓누르면서 살들이 모두 찢겨 나가고 있어요. 정말 끔찍하네요.

예수님: 자신들의 욕심이 잉태하여 죄를 낳았고, 그 죄를 회개하지 않아 결국 사망에 이르러 이 지옥에 떨어진 것이다.

유혜은: 주의 일을 하기 위해서 물질이 필요하지만, 물질만 추구하고 사랑하다가 그 구렁텅이에 빠지지 않도록 모든 성도들을 도와주세요.

돈을 사랑함이 일만 악의 뿌리가 되나니 이것을 탐내는 자들은 미혹을 받아 믿음에서 떠나 많은 근심으로써 자기를 찔렀도다(디모데전서 6:10)

혈기를 부린 자들의 지옥
그렇게 기도하는 가운데 또 다른 지옥에 도착하게 되었습니다.

예수님: 이곳은 저주의 지옥 방이다. 혈기만 가득하여 분노하고 남을 저주하다가 죄를 해결 받지 못하고 떨어지는 지옥이란다.

유혜은: 혈기 부리고 화내는 것이 하나님이 싫어하시는 죄인 줄은 알았지만, 이렇게 무서운 벌을 받을 줄 몰랐어요. 혈기만 믿고 분노하고 저주를 퍼붓던 저 입에 수많은 화살들이 들어가 온몸을 찔러대다가 살을 통과해 여러 방향으로 삐져나오네요. 그 후에 화살의 끝으로 징그럽게 생긴 벌레들이 화살을 따라 몸으로 들어가서 입에서 엄청난 양의 벌레들이 튀어나오네요. 너무나 징그러운 장면입니다.

예수님: 혈기를 함부로 부리면서 분노와 저주를 쏟아내는 자들에게 꼭 전해주길 바란다. 마지막으로 하나의 방을 더 보고 천국으로 가자꾸나.

원망과 불평의 죄로 인한 지옥

또 다른 지옥 방에 도착했습니다.

예수님: 이 방은 평소 원망하고 감사할 줄 모르며 늘 남을 무시하던 사람들이 죄를 해결 받지 못하고 온 곳이니라.

유혜은: 원망하는 말만 하고 감사할 줄 모르는 것도 아주 큰 죄네요. 더군다나 남을 자기보다 낫게 여길 줄 모르고 비하하거나 무시하는 죄가 이리도 큰 줄 몰랐습니다. 이곳에 있는 자들은 여전히 서로를 원망하고 상대를 향해 삿대질하면서 짜증을 내네요. 다른 사람을 무시하고 비하하는 말이 입에 배어서 감사라고는 찾아볼 수가 없는 사람들입니다.

그때 선명하게 한 장면이 보였습니다.

유혜은: 마귀들이 이 사람들을 쓰레기 처분하듯 굴착기 같은 것으로 집어 올려 큰 하수 처리장에 마구 던져 버리고 있어요. 이 방에 있던 자들은 하수 처리장 안에 있는 낭떠러지로 떨어지면서 온갖 비명을 질러대서 너무나 듣기 싫은 소리가 납니다. 또 냄새는 얼마나 고약한지 한시도 있기 힘들 정돕니다.

예수님: 남을 무시하고 원망하고 감사할 줄 모르고 짜증만 내는 사람들에게 지옥은 정말 오면 안 되는 곳이라고 전하거라. 행여나 그리하였을지라도 즉시 회개해야 한다는 것을 잊지 마라.

유혜은: 네. 예수님.

그리고 예수님과 함께 급속히 빠른 속도로 천국으로 올라왔습니다.

유혜은: 아직도 속이 울렁거릴 만큼 생각하기도 싫은 곳이네요.

예수님: 이런 지옥에 나는 한 명도 가지 않기를 바란다. 계속 말하지만, 세상 살 동안에만 회개할 기회가 있으므로 반드시 회개하여 지옥에 가지 않도록 전해 다오.

유혜은: 영원토록 이런 형벌을 받아야 한다니…. 생각만 해도 무섭네요.

예수님은 계속 말씀하셨습니다.

예수님: 생명이 끝나는 순간 천국과 지옥의 두 길만 있을 뿐이다. 백보좌 심판대 앞에서 천국행과 지옥행으로 나누어진다는 것을 너에게 꼭 보여 주고 싶구나.

크고 흰 보좌에서의 심판

어느 순간 나는 백보좌 심판대 앞에 오게 되었습니다.

이는 우리가 다 반드시 그리스도의 심판대 앞에 나타나게 되어 각각 선악 간에 그 몸으로 행한 것을 따라 받으려 함이라(고린도후서 5:10)

유혜은: 예수님! 말로만 듣던 백보좌 심판대를 오늘 보게 되네요. 세상에 살면서 죄의 유혹을 느낄 때마다 백보좌 심판대를 생각하면서 그 유혹을 뿌리칠 수 있었는데, 드디어 심판대를 보네요.

심판을 내리는 크고 흰 보좌의 오른쪽에서는 천사들이, 왼쪽에서는 마귀들이 서 있는 것이 보였습니다.

유혜은: 심판대 앞에서는 모든 혀가 하나님께 자백할 것이라고 했는데, 정말 그렇네요. 사람들의 죄가 필름처럼 있었던 그대로 모두 보입니다. 어린 시절부터 죽는 순간까지 심판대 앞에 선 자들의 죄가 낱낱이 드러나네요.

예수님: 죄를 지었어도 그 죄를 회개하면 십자가의 보혈로 그 죄가 씻겨지지만, 회개하지 않으면 그 죗값을 각자가 받아야 하느니라. 그래서 "회개하라 천국이 가까이 왔느니라"라고 말씀하는 것이다. 기도할 때마다 주의 보혈로 머리부터 발끝까지 나를 씻어 주시고, 성령의 불로 죄를 모두 태워 달라고 늘 회개해야 한단다. 큰 자든 작은 자든 어느 누구도 이 심판대를 피할 수 없느니라.

유혜은: 그런데 죄를 회개치 않고 예수님을 믿지 않아 죄 사함을 받지 못한

자들은 심판대 앞에서 자신들의 죄가 낱낱이 파헤쳐지자 부끄러워 수치심으로 얼굴을 들지도 못하고 있네요.

예수님은 다시 눈물을 보이셨고, 눈물이 바닥에 떨어지는 것을 알 수 있었습니다.

유혜은: 예수님, 재림의 때가 가까워지니 선과 악이 뒤덮인 이상한 세상이 되어버렸네요. 여기서 보고 있노라니 갈수록 신앙을 지켜내기 어려운 시간이 다가오는 것 같아요.

예수님: 온전히 복음만 붙잡아야 한다. 갈수록 참된 복음을 붙잡는 것이 어려워질 것이다. 거짓 선지자와 적그리스도가 뿔을 달고 오는 것이 아니라 미혹의 영으로 오기 때문에 더욱 영 분별의 은사가 필요하단다.

유혜은: 맞습니다. 참된 복음을 붙잡고 있지 않다가 평화를 가장하고 온갖 능력을 행하는 자를 보게 된다면 흔들려서 그러한 자들을 따라가게 될 것 같아요. 그래서 하나님께 속한 진리의 영인지 분별할 수 있는 은사가 필요한가 봅니다.

　　오늘도 제게 귀한 은혜들을 허락해 주셔서 감사드립니다. 많은 것들을 깨달았고, 세상에 가서 주님이 당부하신 말씀들을 꼭 전하겠습니다.

예수님은 잠시 양팔 저울 환상을 보여 주셨습니다.

예수님: 너에게 말씀과 성령의 기름 부으심을 양팔 저울 환상으로 보여준 것

처럼 늘 같이 가야 한다. 내가 말씀을 전하면서 이적을 베푼 것처럼 말이다. 늘 말씀 위에 견고히 서고자 애쓰되, 성령의 은사를 부인하거나 성령의 은사만 쫓아서는 안 되느니라.

유혜은: 네. 주님 말씀 명심하겠습니다.

이번 일곱 번째 입신에서 주님은 마지막으로 내게 특별히 육신의 부모님의 임종의 복을 위하여 일곱 남매가 함께 기도하라고 말씀하셨습니다. 평생을 무릎으로 사신 어머니의 기도 바통을 일곱 남매가 각자의 분량만큼 나누어 이을 것을 말씀하셨습니다. 어머니의 기도가 너무 커서 혼자서 이어받기에는 부족하다고 하시면서 매일 정해진 시간에 함께 중보기도할 것을 권면하셨습니다.

그러는 가운데 하나의 환상을 보여 주셨습니다. 결승선까지 백 미터쯤 되어 보이는 거리에서 바통이 우리 일곱 남매에게 쥐어졌는데, 우리가 기도로 온전히 받을 때 어머니가 기쁨으로 주님 품에 안길 수 있다고 말씀해 주셨습니다.

유혜은: 주님, 저희 일곱 남매가 주님 뜻대로 어머니의 기도를 이어받기 원합니다. 우리를 도와주시옵소서.

예수님: 내가 너희 일곱 남매의 기도를 받을 것이니 너는 가서 전하고 순종하면 될 것이다. 오늘도 수고가 많았노라.

이어 예수님은 내 머리에 안수해 주셨고, 오늘은 중간 과정 없이 천국에 올라온 것처럼 기도를 받는 동안 나의 영혼이 기도하던 육신이 있던 자리로 들어와 있음을 느꼈습니다.

사랑하는 나의 주님! 주님의 세계가 너무 놀랍고, 주님의 인자하심과 자비하심이 놀라울 뿐입니다. 성실하신 주님의 은혜가 고마워서 주님을 찬양하지 않을 수 없습니다. 날마다 경건의 훈련을 더하여 거룩하고 정결해지기를 소원합니다. 나로 하여금 성령의 아홉 가지 열매들을 맺게 해 주시고, 하나님의 꿈이 나의 비전이 되고, 예수님의 성품이 나의 인격이 되고, 성령님의 권능이 나의 능력이 되기를 오늘도 원하고 바라고 기도합니다.

늘 주의 말씀대로 순종하는 자 되기를 원합니다. 하나님께 영광을 올려 드리며 존귀하신 예수 그리스도 이름으로 기도합니다. 아멘.

여덟 번째 임신 | 2021년 7월 30일 금요일

기도하던 중에 피가 철철 흐르는 어떤 사람의 발이 보여서 주님께 "주님, 제가 지금 환상을 보고 있는 겁니까?"라고 여쭈었습니다

믿음의 유산을 잃어가는 한국 교회

유혜은: 주기철 목사님이 못 자국을 보여 주고 있네요. 어머! 발 곳곳에 뚫려 있는 못 자국들! 얼마나 아프셨을까요? 주님, 이렇게 한국 교회의 믿음의 선진들이 순교자의 피로 지켜낸 신앙이 흔들리고 있습니다. 팬데믹을 거치면서 많은 성도들이 예배에 대한 갈급함이 사라졌고, 맘몬과 우상이 교회 안에 파고들어서 한국 교회를 병들게 하고 있어요. 일사각오(一死覺悟)로 믿음의 본질을 지키고자 했던 한국 교회 신앙 선배들의 믿음의 유산이 점점 사라지고 있습니다.

예수님: 그렇게 순교하며 지켜낸 기독교의 신앙이 얼마나 값진 것인데, 지금의 한국 교회는 세대주의자들과 정치 권력과 거짓 선지자들에 의해 얼룩져 있구나.

유혜은: 예수님! 이 나라와 민족을 불쌍히 여겨 주세요. 세상의 가치 기준도

흔들리고 있어요. 기도하기 전에 한 청년과 잠시 이야기 나눈 것을 보셨지요? 청년들에게 현실은 아르바이트 구하기도 하늘의 별 따기이고, 정상적으로 살기에는 너무 힘든 세상이라고 합니다. 그래서 사람들이 갈수록 사기 치는 일만 생각하나 봐요.

예수님: 이처럼 힘든 세상 가운데 순전하고 정직한 영으로 하나님을 찾고 주님만 바라며 믿음으로 나아가는 이들에게 생명의 면류관이 주어질 것이다. 버티기 힘든 나날이지만, 복음을 지키기 위해 애쓰는 성도들은 더욱 귀한 하나님의 향기란다. 성령의 열매를 삶으로 맺으면서 믿음을 지켜내는 자에게서 흘러나오는 그리스도의 향기가 천국에 상달되느니라.

그리스도의 향기

예수님은 많은 천사들이 성도들의 기도, 헌신, 섬김 그리고 말씀 안에서 살 때 드러나는 그리스도의 향기를 받아 천국으로 실어 나른다는 것을 알려 주셨습니다. 그리고 한 보석함을 보여 주셨습니다.

유혜은: 생명책에 이름이 기록되어 있는 것처럼 그리스도의 향기들도 보석함에 이름이 각각 적혀 있네요. 올라온 향기들을 보석으로 하나하나 모두 담아주시고, 이 보석들이 천국 집을 짓는 재료로 쓰이는 거군요.

예수님: 세상이 흔들릴지라도 하나님 앞에 정직하여 믿음으로 살아가는 자들에게 하나님은 하나도 빠짐없이 보응하여 주신단다. 생명의 면류관뿐만 아니라 순교자처럼 목숨을 건 신앙의 향기도 천국에 그대로 올라오느니라.

유혜은: 그래서 믿음의 선배인 주기철 목사님의 순교 장면을 제게 보여주셨군요.

예수님: 믿음의 선진들이 힘들게 지켜낸 한국 교회의 신앙을 악한 영들에게 미혹되어 너무 쉽게 밟아버리고 무시해 버리는 세태가 안타깝구나.

유혜은: 예수님! 요즘도 신앙인답게 사는 게 쉽지 않은데 앞으로는 믿음으로 사는 게 더 힘들어지겠지요?

예수님: 말씀을 듣고 지키며 행함으로 사는 삶의 예배가 이루어져야 한단다. 거룩한 성품의 열매들을 삶 속에서 드러내며 믿음과 삶이 일치된 예배자를 내가 찾고 있다고 꼭 전해 주렴.

유혜은: 우리 모두가 주님이 말씀하시는 삶의 예배자가 되기를 원합니다. 주님 말씀하신 그리스도의 향기를 천국에서 맡아보니 라벤더 향기보다 더 좋고 세상의 어떤 향기로는 표현할 수 없네요.

예수님: 하나님의 성품을 드러내고 삶 가운데 성령의 열매를 맺는 사람이 행함이 있는 믿음이며, 하나님이 그 믿음을 기뻐하신단다. 행함이 없는 믿음은 그 자체가 죽은 것이라 아무 의미가 없지. 한 알의 밀이 땅에 떨어져 죽으면 많은 열매를 맺듯이 자기 욕심을 버리고 하나님 나라의 확장을 위하여 그리스도의 장성한 분량이 충만한 데까지 이르도록 주를 본받는 것이 그리스도를 드러내는 삶이란다. 곧 그리스도의 향기를 발하는 자이니라.

주님은 계속 말씀을 이어 가셨습니다.

예수님: 악한 영들은 행함이 있는 믿음을 가진 성도들을 싫어하기 때문에 '어떻게 하면 이자를 넘어뜨릴까? 어떻게 해서 믿음을 저버리게 만들

까?'를 고민한단다. 하지만 말씀을 듣고 지켜 행하는 자는 그의 삶 가운데 하나님의 영광을 드러내기 때문에 마귀가 쉽게 틈타지 못하지. 그러니 삶 가운데 더욱 주님이 드러나도록 쉬지 말고 기도하여 마귀에게 틈을 주어서는 안 된단다. 삶의 예배를 드리는 자에게는 하나님의 방패가 울타리처럼 지켜 준다는 걸 잊지 마라.

유혜은: 삶으로 주님을 드러내는 것은 정말 중요하군요.

예수님: 기도는 열심히 하지만 삶 가운데 그리스도의 향기를 발하지 않는 신앙, 말씀과 생활의 방향이 정반대인 신앙이라면 죽은 믿음이니라. 너의 삶이 그리스도의 향기가 되어 오늘 이 천국에 오게 된 것처럼 많은 사람들도 동일하게 천국에 올라오기를 바란다고 전해 주렴.

하나님의 은사

예수님은 은사를 통하여 나타나는 성도의 두 가지 자세에 대해 말씀해 주셨습니다. 성령의 은사를 통하여 두 가지로 나뉘는데, "하나님이 주신 은사는 능력과 권세가 있으나 허락하여 준 은사가 독이 되는 자들도 있다" 하셨습니다. 그러한 자들은 차라리 은사를 받지 아니하는 것이 좋았을 것이라고 말씀하셨습니다. 그들은 교만하여 자기의 영광을 추구하고 자기의 의를 드러내며, 자신들의 능력으로 은사를 받았다고 여기면서 귀한 은혜를 값싼 것으로 만든 자들이라고 마음 아파하셨습니다.

예수님: 그들은 은사를 겸손함으로 받아들이지 않고 오히려 교만한 마음으로 사용함으로써 성도들을 실족케 하고 은사가 없는 자들을 무시할 뿐 아니라 은사를 받지 못한 교역자들마저 함부로 대했다. 자기 의로 은사를 받은 것처럼 교만하여 교회를 어지럽히고 나의 마음을 아

프게 하는구나.

유혜은: 모든 은사와 하나님 안에서 이루어지는 모든 것이 주의 은혜임을 고백합니다.

예수님: 은사는 오직 은혜로 부어진 것들이기에 조금도 교만하면 안 된다. 은사를 받은 자들에게 반드시 전하거라. 이것은 전적인 은혜이자 하나님의 주권 아래 행해진 것이므로 어떠한 은사든 간에 하나님의 영광과 하나님 나라의 확장을 위해 사용되어야 한다. 겸손하여 교회와 성도의 유익을 위하여 쓰여야만 한다. 특히 은사는 이 마지막 시대에 많은 영혼들을 전도하는 데 쓰일 귀한 도구임을 잊어서는 안 되느니라. 너도 지금처럼 늘 겸손하여 하나님의 사랑이 너를 통하여 전해지기를 축복하노라.

유혜은: 겸손하신 주님만 더욱 본받도록 하겠습니다.

이렇게 대답하고 있는데, 주님은 기도하기 전에 잠깐 만났던 청년에 대한 환상을 보여 주셨습니다. 그 청년의 친할아버지가 바로 며칠 전에 돌아가셨는데, 그 청년이 내게 물어보는 장면이었습니다.

청년: 전도사님, 천국과 지옥이 정말 있요? 우리 할아버지는 예수님 안 믿고 돌아가셨는데, 천국과 지옥이 없으면 좋겠어요. 만약에 지옥을 가셨다면 십 년 정도 고통을 당하시는 건가요?

유혜은: 아니. 영원히 죽지 않는 곳에서 영원토록 고통을 당하는 거란다. 돌아가신 분을 생각하면 맘이 아프지만, 살아계신 할머니와 부모님 그리고 너를 위해서도 기도해야 한다. 말씀을 들어야 믿음이 생기는 것이니 함께 마음 다해 예배 드리고 성경 공부를 통해 말씀을 배워

보자.

또 그 청년은 할아버지 생각이 났는지 지옥에서 인간들 몇 명이 합심하여 마귀를 무너뜨리면 할아버지를 고통에서 빼낼 수 있는지도 물었습니다. 아직 믿음이 없는 청년이기에 할아버지에 대한 애틋한 마음으로 이야기하고 있음을 인간적으로는 충분히 공감했습니다.

예수님: 이 청년에게도 반드시 천국과 지옥이 있음을, 하나님이 살아 계시고 그리스도 예수가 인간을 위해 대신 죽으심으로 구원의 길이 열렸음을 반드시 알려 주어야 하느니라.

유혜은: 네. 예수님! 반드시 전하겠습니다.

나는 예수님과 함께 손을 잡고 밑으로 계속 내려갔습니다. 지옥을 가는 동안 또다시 숨쉬기 힘들 만큼 역겨운 하수구 냄새와 지옥 불못의 뜨거움이 느껴졌습니다.

장애인을 학대한 자들의 지옥
이렇게 불쾌함을 느끼면서 다다른 곳이 있었습니다. 잠시 주님은 어느 한 곳을 밝히 보여 주셨습니다.

유혜은: 장애인을 함부로 대하는 자들이 있네요. 장애인들을 마구 때리고 학대하는 사람들, 예수님을 알았더라면 장애인들을 이렇게 함부로 대하지 않았을 텐데요.

예수님: 그렇다. 나는 세상의 연약한 자들을 사랑하는데, 저들이 연약한 자

들을 학대하고 무시하고 괴롭히는 죄를 지어 놓고도 잘못인지 몰랐다. 물론 나를 믿지도 않았지만, 마음에 죄책감도 없었기에 이 지옥에 떨어졌느니라. 자폐증이 있는 장애인들이 말을 잘 못한다 해도 그들의 영혼이 내게 호소하느니라.

유혜은: 장애인들의 탄원하는 소리가 들리네요. "주님, 저 사람이 저를 계속 때려서 너무 힘들어요" "저분은 제게 예수님 대하듯 너무 잘해 줍니다. 제가 갚지 못하지만, 주님이 갚아 주세요"라고 기도하네요.

예수님은 또 다른 장면을 보여 주셨습니다. 자폐증이 있는 아이를 키우는 엄마가 보였습니다. 아이의 아빠가 얼마 전에 죽고 나서 엄마는 삶을 매우 버거워하고 있습니다. 그래도 열심히 키우려고 용기를 내지만, 이 나라에서는 여전히 장애인들이 무시를 많이 당하고 있네요. 장애인들을 키우는 부모들을 주님이 위로해 주시는 모습이 보입니다.

여성을 성적으로 학대한 자들의 지옥

주님과 대화하는 동안 다른 지옥에 다다르게 되었습니다.

유혜은: 예수님, 이곳은 어떤 지옥인가요?

그때 주님은 세상에서 일어나는 일을 환상으로 보여 주셨습니다.

유혜은: 어머? 저 여린 여자들을 학대하고 있네요. 나쁜 사람들! 성적으로 추행하고 폭행하는 일이 전 세계적으로 너무나 비일비재하게 일어나네요. 어린 여자아이들조차 이런 피해를 당하다니 너무 마음이 아픕

니다. 이렇게 나쁜 짓을 하고도 죄책감조차 없는 이들이 예수님을 믿지 않고 회개하지 않아 무시무시한 형벌을 받고 있네요.

예수님: 몸이 음란을 위하여 있지 않고 오직 주를 위하여 있다고 해도 이 세대는 소돔과 고모라처럼 음란하며 육체를 따라가는구나. 사람의 정욕을 따르고 음란함에 몸을 내맡기니 하나님의 뜻을 따라 육체의 때를 사는 이가 너무 적다.

유혜은: 요즘에는 성에 대한 질서와 혼전 순결로 거룩함을 지키려는 사람을 찾기가 쉽지 않습니다. 너무 쉽게 음란한 행위를 하고 주일 교회에서는 찬양하기 위해 단 위에 서는 신자들도 있지요. 주님이 이런 가증스러운 찬양과 예배를 기뻐하지 않으실 텐데…, 세태가 참으로 안타깝네요. 그런데 이렇게 음란과 정욕으로 인한 죄를 짓고 회개치 않아 지옥에 온 자들이 이렇게 많을 줄 몰랐습니다. 성적 학대를 당한 여성들이 그 상처로 인해 평생을 고통 가운데 지내는데, 누가 그 아픔을 알아 줄까요? 어떤 아이는 어렸을 때 당한 성폭행 때문에 너무 괴로워서 자기의 손가락을 낫으로 찍어버렸네요. 얼마나 괴로웠으면….

예수님: 하나님이 불꽃 같은 눈으로 이러한 모든 죄악들을 보고 계신단다. 그러니 악한 자들이 얼마나 무서운 형벌을 받게 되는지 잘 보거라.

유혜은: 음란과 정욕의 죄를 지은 자들이 자신들이 지은 죗값의 몇 배의 형벌을 받게 되네요.

이후 예수님의 손을 잡고 빠른 속도로 천국으로 올라왔습니다. 예수님은 "오늘은 어떠한 방법으로 세상으로 보내 줄까?" 하고 물으셨는데, 마침내가 어렸을 때 꾸었던 꿈이 생각났습니다. 그러더니 그 꿈을 예수님이 환상으로 보여 주셨습니다.

큰 운동장 한가운데 내가 서 있고 하나님의 방패로 둘러친 울타리가 있는데, 시커먼 마귀들이 나를 해코지하려고 달려들었습니다. 그때 운동장보다 더 큰 하나님의 손이 운동장을 쓰다듬으면서 마귀들이 얼씬도 하지 못하게 막는 환상이었습니다. 그리고 크신 하나님의 손바닥 위에 있으면서 아주 평화롭게 내가 기도하는 자리까지 오게 되었습니다. 너무 감사해서 "주님! 오늘도 너무 감사합니다"라고 기도를 드렸더니 "사랑하는 딸아! 오늘도 수고하였노라"라고 말씀해 주셨습니다. 나는 눈을 뜬 채 두 손을 위로 들고 "아빠 하나님. 감사하고 사랑합니다"라고 경배를 올려드렸습니다.

• • • • • • • ' ' • • ✓ • • • • • • •

하나님, 오늘도 주님만 영광을 받으소서! 홀로 주님만 높임을 받으소서! 주님만을 경배합니다. 주님 품에 안길 때까지 온전히 주님만 사랑하고 지옥에 끌려가는 많은 영혼들을 위하여 더욱 기도하겠습니다. 예수님의 이름으로 기도드립니다. 아멘.

사랑하는 주님! 오늘도 저의 영과 혼과 육, 생각과 감정과 의지, 의식과 무의식, 상처와 쓴뿌리에 예수의 피로 깨끗하게 씻으시고, 성령의 거룩한 불로 임하셔서 나의 심령을 태워 주소서. 시댁과 친정 부모님 그리고 조부모님의 죄를 말갛게 씻기시고 성령의 불로 새롭게 하여 주소서!

• •

평소 목사님이 기도해 주시는 대로 기도하고 있었습니다. 갑자기 내 발바닥에 엔진이 달린 환상이 보이더니 지구 밖을 뚫고 나가서 천국에 다다른 것을 보게 되었습니다. 오늘도 주님이 귀한 은혜를 허락하셨음을 알게 되었습니다.

예수님: 사랑하는 딸아! 오늘도 잘 왔구나.

유혜은: 예수님, 감사합니다. 오늘도 잘 보고 들어서 주님의 말씀을 잘 전달하는 자가 되길 원합니다.

예수님: 생사화복(生死禍福)이 모두 주께 속한 것이다. 며칠 전 할아버지가 돌

아가셔서 마음 아파하는 그 청년에게 말씀을 잘 듣고 믿음으로 내게 나아오기를 부탁한다고 전해 주거라. 그를 통해 전도되어야 할 영혼들이 있느니라.

유혜은: 네. 꼭 전하겠습니다.

상처라는 구멍이 난 항아리

곧 주님은 하나의 환상을 보여 주셨습니다.

유혜은: 지금 보여 주시는 저 구멍 난 항아리는 무엇인가요?

예수님: 구멍 난 항아리는 상처를 의미한단다. 구멍 난 항아리는 물을 채워도 모두 빠져나가는 것처럼 그 항아리에 은혜를 부어도 모두 빠져나가게 되고, 특히 상처의 쓴뿌리가 은혜를 깨닫지 못하게 만든단다.

　　구멍 난 항아리는 생수의 강에 푹 잠겨 있을 때만 그 안에 은혜가 가득 채워질 수 있느니라. 상처는 은혜의 자리로 들어가는 것을 어렵게 만든단다. 그러니 생수의 강에 구멍 난 항아리인 상처가 푹 담길 수 있도록 늘 기도하라. 상처가 있는 자들을 위해 중보기도해 주길 네게 간절히 부탁한다. 또 중보기도자들에게도 이를 위해 기도할 것을 꼭 전해 주어라.

유혜은: 네. 일상 가운데 주변 많은 사람들이 상처로 인해 힘들어하는 것을 보게 됩니다. 상처를 치유 받지 않으면 예수님을 제대로 볼 수 없는 것 같아요.

예수님: 그렇단다. 상처는 모든 이들을 자기 마음의 철창에 가두게 하지. 생명수 강에 상처가 푹 잠길 때 상처에서 자유할 수 있고, 그 사람은 은혜의 자리에서 치유함을 받는단다. 그리고 더 큰 상처를 가진 사

람을 위하여 중보기도할 수 있는 자리로 나아갈 수 있게 되느니라.

은밀히 구제하는 자들을 위한 상급

예수님: 오늘도 네게 천국에 있는 방을 보여 주고 싶구나.

유혜은: 참으로 감사해요. 주님. 잘 보고 가서 그대로 전하겠습니다.

예수님: 이름 없이 빛도 없이 구제의 손길을 펴고, 오른손이 하는 것을 왼손이 모르게 가난한 이웃을 도우면서 주를 섬기는 자들이 있다. 이렇게 아름다운 자들을 위해 준비해 놓은 천국의 방이 있느니라. 천국에 하늘이 상급이 쌓이는 곳으로 자기 영광을 취하지 않고 자랑하는 말을 하지 않는 자를 귀히 여겨 주님이 진주보다 더 순결하게 빛나는 것으로 친히 이름을 새겨서 각자의 이름이 새겨진 보석함에 담아 놓는단다. 이 진주 또한 천국으로 오는 자들의 집을 짓는 데 쓰이는 귀한 재료가 된단다.

그러나 말로 자기의 의를 드러내고 자기의 영광을 취하는 자에게는 이미 모든 칭찬을 세상에서 받았기에 그들에게는 더 이상 줄 수 있는 순결하게 빛나는 진주가 없느니라.

유혜은: 저도 오른손이 하는 것을 왼손이 모르게 이웃을 구제하고 섬기겠습니다.

자녀를 학대하는 죄에 대한 지옥

이윽고 예수님은 내 손을 잡고 한없이 밑으로 내려간 후 어느 지옥에 도착해 있었습니다.

유혜은: 예수님! 다른 어떤 때보다 악취가 더 심하게 나고 살이 타고 있는 냄

새와 함께 많은 영혼들이 고래고래 소리를 지르고 있어요.

예수님: 세상에서는 여전히 하나님이 주신 걸작품이자 소중한 보석 같은 자녀들을 학대하고 살인하는 악한 부모가 참으로 많단다. 자녀를 낳기만 하고 방치하여 굶겨 죽이거나 연약한 자녀를 때려 숨지게 하는 악행이 비일비재하다. 잠시 부모에게 맡겨 놓은 영혼들을 자기들의 소유물인 양 함부로 대하는구나!

　　어떤 이들은 원치 않는 임신을 했다는 이유로 태중의 아기를 버리거나 자신이 낳은 아이를 미워하고 학대하는 사람들이 많도다. 특히 내가 허락한 귀중한 생명을 낙태로 살해하는 자들에게는 그 태아의 생명 값을 물을 것이다. 자녀를 학대한 자들은 회개치 않는 한 아주 형벌이 높은 지옥으로 떨어지게 되느니라.

유혜은: 자녀를 학대한 자들이 정말 징그럽고 무서운 형벌을 받으면서 지옥에서 고통을 당하고 있네요. 생명이 너무나 귀한 것임을 다시 한 번 새기게 됩니다.

부모를 공경하지 않는 죄에 대한 지옥

이렇게 주님의 핏값으로 사신 생명에 대해 새기고 있는 동안 지옥의 어느 한 곳에 오게 되었습니다.

예수님: "네 부모를 공경하라"라는 다섯째 계명을 기억하느냐?

유혜은: 네. 인간 사회에 대한 계명 중 첫 계명이지요.

예수님: 그럼에도 어떤 자녀들은 자기를 낳아 준 부모를 학대하여 때려죽이고, 부모를 무시하고 방치하여 고독사로 죽음에 이르게 한 악행으로 말미암아 이 지옥에 왔느니라.

부모가 없으면 세상에 태어나지도 못하였거늘 근본을 송두리째 뽑아 버리는 자들을 내가 미워하고 미워하노라. 이들도 나를 믿고 회개치 않는 자들은 무서운 지옥에 떨어져 무거운 형벌을 받게 될 것이다. 하나님의 질서를 파괴하고 가정 안에 사랑이 사라지게 만드는 악한 영들에 대하여 분노하고 분노하느니라.

유혜은: 말씀대로 부모를 공경하지 않은 죄로 지옥에 온 자들이 아주 무거운 형벌을 받고 있네요. 징그럽고 무서워요.

이단과 거짓 종교를 믿은 자들의 지옥

예수님의 손을 꽉 잡은 채 또 다른 지옥으로 옮겨갔습니다.

유혜은: 지금 가고 있는 지옥은 어떤 곳인가요? 이 사람들은 십자가를 거꾸로 들고 거짓된 종교 행위를 했던 자들이네요. 혹시 거짓 종교를 믿으며 회개하지 않아 이 무시무시한 지옥에 떨어진 자들인가요?

예수님: 사탄교 같은 거짓 종교를 믿는 자들은 마귀와 한통속이 되어 마귀가 시키는 대로 움직이는 자들로 내가 그들을 용서치 않는다. 거짓 종교를 따른 자들에게는 그들이 상상할 수 없을 만큼 무겁고 큰 형벌이 기다리고 있단다. 또 사이비나 이단과 같은 거짓 종교로 사람들을 미혹하거나 인도한 자들과 추종자들은 그들이 믿고 좇았던 사탄에게 더욱 가혹한 형벌을 받고 있단다. 교주로 군림하며 잇속을 챙기고 폭거(暴擧)와 무민(誣民)을 일삼는 사탄의 수하들과 그 동조자들은 감히 상상할 수조차 없는 무서운 형벌로 인해 울며 이를 갈게 될 것이다.

유혜은: 너무 무서운 지옥이네요. 다른 곳으로 데려가 주세요. 주님.

기독교를 박해하고 교회를 없애려는 자들의 지옥

예수님: 그럼 마지막으로 한 곳만 더 보고 천국으로 가자꾸나. 전 세계에 걸쳐 기독교를 박해하고 교회를 없애려고 혈안이 되어 있단다. 예수 믿는 자들을 죽이기 위해 달려드는 자들도 많다.

유혜은: 그리스도인들이 깨어서 민족과 열방을 위해 기도해야겠네요. 북한 같은 공산국가뿐만 아니라 아프리카와 동남아시아 및 중동과 중앙아시아의 무슬림이 대부분인 국가에서 기독교인과 교회에 대한 폭력과 위협이 증가하고 있고, 기독교로 개종한 것에 대해 살해 협박을 받고 있다는 기도 제목을 들었습니다.

　여기 지옥에 있는 사람들은 기독교인 마을과 교인들에게 군중 폭력으로 잔인하게 죽이고 온갖 테러로 끔찍한 만행을 저지른 자들이 많네요. 하지만 그로 인해 이곳 지옥에서 영원히 죽지 않고 끔찍한 형벌을 받고 있어요.

유혜은: 박해로 인해 순교하는 성도들도 안타깝지만, 잘못된 종교 신념과 사상을 진리로 믿고 이런 짓을 자행한 저들도 불쌍하네요. 선교사와 선교지를 위해 중보기도하기를 쉬면 안 되겠어요.

마음 아파하는 나를 보시던 주님은 손을 붙잡고 천국으로 옮겨 주셨습니다.

유혜은: 예수님! 제 눈으로 이렇게 보고 있는 천국과 지옥을 사람들은 믿지 않아요. 입으로는 믿는다고 하지만, 자신들은 죄가 많아 천국 올 자신이 없다고 말하기도 합니다. 어떤 이들은 오히려 천국과 지옥이 없었으면 좋겠다고 말하기도 해요. 마음이 정말 아프네요. 자신들의

교만함을 회개할 생각은 않고 왜 믿지 않을까요?

예수님: 천국과 지옥을 믿지 못하거나 아예 없었으면 좋겠다고 말하는 영혼들을 위해 중보기도가 많이 필요하단다. 자신의 의로 천국에 갈 수 있는 것이 아니라 전적인 하나님의 은혜로 가는 것임을 알아야 하느니라. 너에게 많은 환상을 허락하여 준 것은 내가 너를 중보 사역자로 불렀음이니, 더욱 깨어 기도하도록 하라.

유혜은: 네. 중보 사역의 사명을 잘 감당하겠습니다.

회개의 영이 임하는 은혜의 빛

예수님: 북한의 지하 교회 성도들을 생각해 보라! 그들처럼 몰래 예배를 드려야 할 때가 올 것이고, 평안이 무엇인지 마음에 와닿지 않는 지하 교회 성도들처럼 주를 경외함으로 두려워 떨며 기도해야 할 때가 반드시 올 것이다.

지금처럼 마음껏 기도하고 찬양할 수 있음에 감사해야 한다. 사람 목숨을 초개(草芥)처럼 여기는 때가 오고 있고, 개인의 이기심이 극에 달하여 다른 사람을 물건처럼 여기면서 인간의 존엄성이 더 이상 의미 없는 시대가 올 것이다. 공중의 권세 잡은 자가 많은 영혼을 지옥으로 끌고 가는 그 한 가지 목적을 위해 최악의 발악을 하고 있단다.

이때 주님은 세상에서 일어나고 있는 악한 영들의 모습을 환상으로 보여 주셨습니다. 지구가 시커먼 새 같은 것들로 뒤덮여 있고, 기도하고 회개의 영이 임한 곳에만 구멍이 나 있었습니다.

예수님: 믿는 자 한 사람 한 사람이 하나님의 전신 갑주를 입은 군사로 서야 할 때가 왔도다. 모두 깨어 일어나 하나님의 군대로 서야 하느니라. 특히 주의 종들과 기도하는 자들은 성령 안에서 깨어 구하기를 항상 힘쓰며 여러 성도를 위하여 구하여야 할 것이다.

유혜은: 네. 예수님.

대화하는 동안 내 발바닥에는 제트기의 엔진처럼 엔진이 붙어서 한순간에 기도하던 자리로 돌아오게 되었습니다. 내 영혼이 몸속으로 들어온 것을 확인하는 순간, 스무 살 때 내게 보여 주셨던 꿈을 다시 환상으로 보여 주셨습니다.

반주자였던 나는 대학 1학년 때 손의 인대가 늘어나 반주를 하기 힘들 만큼 아팠습니다. 그런데 당시만 해도 교회에 반주할 수 있는 사람이라곤 나밖에 없었기에 나는 주님께 30일 작정기도를 작심하고 '반주자의 사명'을 두고 기도하기 시작했습니다. 그때 열흘에 한 번씩 두 번의 꿈을 보여 주셨는데, 이 두 번의 꿈을 오늘 다시 환상으로 보여주셨습니다.

첫 번째 환상에서는 내가 어떤 방 모퉁이에서 아픈 손목을 붙잡고 말하고 있었습니다.

'손목이 이렇게 아픈데, 오늘은 어떻게 하면 반주를 안 할 수 있을까?'

곧 다음 장면이 보였습니다. 처음 볼 땐 사고가 나서 찌그러지고 엉망진창이 되어 피투성이가 된 자동차로 보였습니다. 그런데 화면을 확대하듯 보이게 되는데, 바로 예수님의 모습이었습니다.

'아, 예수님! 저의 죄 때문에 예수님이 이렇게 십자가에 못 박히시고 피투성이가 되셨네요. 주님, 제가 잘못했습니다. 죄인들의 구원을 위해 예수님은 십자가를 지신 채 골고다 언덕길을 오르시고 피투성이가 되셨는데, 저는 고작 인대 늘어난 것 때문에 이렇게 힘들어했네요. 저의 죄를 용서해 주세요.'

두 번째 환상에서는 내가 교회에서 기도하고 있었습니다. 당시 교회가 상가 건물 2층에 있었는데, 문 앞에 뭔가 있는 것 같아서 기도하다가 살며시 문을 열어 보았습니다. 정말 무엇이 걸리길래 살짝 열고 고개를 내밀어 보니 어른 한 사람이 아주 징그럽게 웃고 있었습니다. 깜짝 놀라서 교회 주방 쪽으로 뛰어갔고, 안도의 한숨을 쉬며 고개를 드는데 내 앞에 그 징그러운 것이 또 서 있었습니다.

그제야 정신이 번쩍 들어 "예수 이름으로 명하노니 더럽고 악한 영은 물러갈지어다"라고 축사 기도를 시작했습니다. 기도할 때마다 그 징그러운 것이 조금씩 줄어들더니 나중에는 물 한 방울로 남았습니다. 마저 예수 이름으로 축사하니 완전히 사라지게 되었습니다.

그 장면이 지나자 환상에서 나는 교회 문밖을 다시 확인하고 있었습니다. 문을 열자마자 이번에는 1미터쯤 되는 50여 마리의 시커먼 개들이 교회로 몰려들어 왔고, 그 바람에 내가 넘어지고 말았습니다. 내 자신이 너무 어이가 없어서 속으로 계속 기도하면서 쳐다보고 있는데, 개들이 열 바퀴쯤 돌고는 다시 획 나가버렸습니다. 이 환상이 지나간 후 주님의 음성이 들렸습니다.

예수님: 딸아! 스무 살 때 네가 두 번의 기도를 통해 반주자의 사명이 있음을
깨닫고 순종하면서 반주할 때 인대가 늘어났던 손목이 하나도 아프

지 않게 된 것을 간증하며 하나님께 영광을 돌리지 않았니?

유혜은: 네. 그랬었지요. 그 은혜가 얼마나 큰지…. 주님, 고맙습니다.

예수님: 마지막으로 이 환상을 더 보여 준 이유가 있단다. 사명이 있는 자들
은 온전히 그 사명을 감당해야만 한다. 그리고 사명을 온전히 감당
할 때 하나님의 큰 역사가 일어나게 된다는 것을 주의 종들과 그리
스도인들에게 전해 주렴.

유혜은: 네. 예수님! 사명이 있음을 감사히 여기면서 주님만 바라보고 나가
겠습니다.

. . . . . . ' . . . . . . ' . . . .

존귀하신 주님! 오늘도 귀한 은혜를 베풀어 주시니 참 감사합니다.
더욱 겸손하게 하시고 깨어 기도할 수 있는 힘을 주셔서 이 땅에서
의 영적 전투에 당당히 임할 수 있는 하나님의 군사로, 하나님의 군
대로 우리 모두가 세워질 수 있도록 도와주세요. 사랑이신 예수님
이름으로 기도드립니다. 아멘.

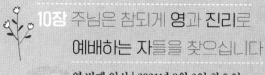
한 분이 도저히 기도할 수 없다고 호소하면서 전화로 기도 부탁을 해왔습니다. 그래서 중보기도를 하는데, 기도 부탁을 한 사람이 방독면을 쓰고 있는 모습이 환상으로 보였습니다. 숨을 제대로 쉬지 못하고 말도 할 수 없는 상황이 되었으니 기도할 수 없는 게 당연하게 느껴졌습니다. 게다가 가슴 한복판에는 송충이 같은 벌레가 들러붙어 있어서 무력감과 함께 기쁨이나 의욕이 없는 답답함이 내게도 느껴졌습니다.

그리하여 예수 이름으로 그것들을 무너뜨리며 중보기도를 하는데, 예수님이 직접 방독면을 벗겨주시고 송충이를 떼어 멀리 버리셨습니다. 기도를 통하여 중보기도자의 사명이 얼마나 중요한지 깨닫게 해 주셨습니다. 그리고 악한 영이 떠난 그곳에 하나님의 사랑의 불, 정결의 불이 부어지기를 기도했습니다. 주님께 감사를 드리며 주의 보혈로 머리부터 발끝까지 씻겨 주시기를 기도하던 중 어느새 내가 천국 문 앞에 있는 것을 보았습니다.

유혜은: 예수님, 감사합니다. 오늘도 제게 은혜를 부어 주시기 위해 불러 주

셨네요.

예수님: 오늘은 지옥을 먼저 보여 주려고 하는데, 괜찮겠니?

유혜은: 네. 주님이 허락하시는 대로 순종하겠습니다.

나는 예수님의 손을 꼭 잡고 밑으로 계속해서 내려갔습니다.

유혜은: 천국은 아름다운 환한 빛으로 가득 차 있는데, 이 지옥은 어두움만
　　　꽉 차 있네요.

자기 연민의 죄로 인한 지옥

그렇게 말하는 동안 어떤 지옥에 다다른 것을 알게 되었습니다.

유혜은: 이 지옥은 어떤 방인지 모르겠지만 가슴이 답답하고 숨쉬기가 어렵
　　　네요.

예수님: 이곳은 하나님을 사랑하기보다 자기 연민에 빠져서 자기를 사랑한
　　　나머지 상처에서 벗어나지 못한 사람들이 오는 지옥이란다. 그들은
　　　하나님을 온전히 바라보지 못하고 모든 것을 원망하다가 결국 회개
　　　하지 않아서 이 지옥에 떨어졌어. 하나님을 바라보지 못하게 하고
　　　자기 상처만 바라보는 자기연민에 빠지게 하는 것이 마귀들의 대표
　　　적인 전략이니라.

유혜은: 이 지옥에 떨어진 자들은 자신의 머리가 커진 상태에서 온몸에 화살
　　　들이 꽂혀 있고 말하기도 힘든 형벌을 받고 있어요.

예수님: 자기 자신을 인정해 주지 못하고 학대하는 죄도 크지만, 자기애에
　　　빠져서 다른 사람이나 하나님을 바라보지 못하고 자신에게만 집착

하는 자기 사랑과 자기 연민의 죄도 크단다. 이런 죄를 짓는 자들은 십자가 앞에서 매일 자기부인을 하고 자신을 온전히 주님께 맡겨 드려야 한다. 주님 앞에 내려놓음이 이루어져야 하지. 그래야 갈라디아서 2장 20절의 "내가 그리스도와 함께 십자가에 못 박혔나니 그런즉 이제는 내가 사는 것이 아니요 오직 내 안에 그리스도께서 사시는 것이라 이제 내가 육체 가운데 사는 것은 나를 사랑하사 나를 위하여 자기 자신을 버리신 하나님의 아들을 믿는 믿음 안에서 사는 것이라"라는 말씀에 순종하며 살 수 있느니라.

유혜은: 네. 빛과 어두움이 공존할 수 없듯 하나님과 다른 무엇을 같이 사랑하면 안 된다는 것을 명심하고 가서 전하겠습니다.

우상 숭배의 죄로 인한 지옥

예수님: 잠시 세상에서 일어나고 있는 일을 보겠니?

유혜은: 어머! 진짜 많은 사람들이 조상에게 제사를 지내고 있네요. 차례와 조상 제사를 지내는 것은 우상 숭배의 죄이지요?

예수님: 그렇다. 십계명 중 제1계명인 "너는 나 외에는 다른 신들을 네게 두지 말라"라는 말씀을 알고 있지 않느냐? 많은 사람들이 제사를 지내며 자신들의 조상이 온다고 문을 열고 먹을 것을 장만한다. 하지만 교활하고 악한 귀신들이 조상의 모습으로 오는 것인데, 조상이라 생각하고 귀신을 섬기고 있으니 마귀의 꾐에 빠진 것을 모르는 자들이 너무나 많구나.

유혜은: 네. 믿는 자나 믿지 않는 자나 모두에게 이는 악한 우상 숭배의 죄라고 반드시 전하겠습니다. 오늘은 지옥을 먼저 봐서 그런지, 무거운 형벌을 봐서 그런지 답답하고 숨쉬기 힘드네요. 주님, 저를 천국으

로 데리고 가 주세요.

예수님: 그래. 내 손을 잡고 올라가자.

오 거룩한 곳 아버지 집

천국 문 앞에 도착하자 주님이 천국 문을 열어 주셔서 몸 둘 바를 몰랐습니다. 그 순간 '와!' 하고 나도 모르게 탄성을 질렀습니다. 그동안 천국에 오면서 어느 지점이나 한 곳을 보곤 해서 잘 몰랐습니다. 그런데 문이 열리고 천국 전체를 보여 주시는데 그 크기를 측정할 수 없을 만큼 매우 크고 넓었습니다. 게다가 멋지고 화려한 성들은 눈이 부셔서 바라보지 못할 만큼 아름다웠습니다. 머릿속에는 온통 "저 멀리 뵈는 나의 시온성 오 거룩한 곳 아버지 집"이라는 찬양 가사가 맴돌았습니다.

유혜은: 예수님! 천국이 정말 아름다운 곳이네요. 많은 영혼들이 꼭 이곳에
왔으면 좋겠어요.

천국에서 스데반 집사를 만나다

예수님과 대화하면서 천국을 거닐고 있을 때 주님은 스데반 집사를 만나게 해 주셨습니다. 평소 '스데반 집사는 사람들이 던진 돌에 맞았을 때 얼마나 아팠을까?'라는 생각을 자주 하면서 천국에 가면 스데반 집사를 꼭 만나보고 싶었습니다. 그런데 예수님이 내 마음을 아시고 그를 만나게 하셨습니다. 스데반 집사의 몸 곳곳에 많은 보석들이 박혀 있었습니다. 스데반 집사가 먼저 내게 말을 걸어 주었습니다.

스데반: 성도님! 절대로 끝까지 어떠한 상황이 와도 예수님을 부인하면 안

됩니다. 인내하며 주님만 바라보고 주님 품으로 올 때까지 주님만, 참된 복음만 붙잡아야 합니다. 아셨지요?

유혜은: 네. 집사님처럼 꼭 그렇게 하겠습니다.

하나님의 거룩한 보좌

유혜은: 예수님! 저 한가운데 있는 빛나고 높은 보좌가 매우 눈이 부실 정도 네요. 천국에서 아름다운 빛으로 빛나지 않는 곳이 없지만, 저 보좌 는 유독 눈이 부실 정도로 아름다운 빛이 나요. 혹시 저 보좌에 거룩 한 하나님이 앉아 계시는 건가요?

너무 눈이 부셔서 거룩한 보좌의 형체만 보일 뿐 앉아 계신 분은 볼 수 도 없었습니다.

예수님: 그렇단다. 하나님의 영광의 빛을 지금은 볼 수 없단다. 그 빛이 너무 순결하고 정결하며 거룩하여서 세상에 사는 동안은 그 영광의 빛을 볼 수가 없느니라.

유혜은: 지난번 기도할 때 보여 주신 환상이 생각이 나네요. 예수님이 골고 다 언덕길에서 십자가를 메고 올라가신 후 십자가에 매달려 온갖 조롱과 수치를 당하시고 돌아가실 때 참고 견디신 그 마음이 어떠 했을까? 또 그것을 바라보고 계셨던 하나님 아버지의 마음은 어떠 했을까? 기도할 때 그 마음을 주셔서 기도하면서 얼마나 울었는지 몰라요.

예수님: 하나님이 사람을 너무나 사랑하셔서 구원의 길을 허락하신 것이 란다.

유혜은: 참으로 고맙습니다. 주님의 십자가 고통으로 인해 저희가 지옥을 가지 않게 된 것이 얼마나 큰 하나님의 은혜인지요.

천국에서는 성도들끼리 서로 말을 하지 않아도 영으로 다 알고 있었습니다. 오직 하나님께 찬양과 영광을 돌리는 것에만 집중했습니다. 여기저기서 하나님을 찬양하고 영광 돌리는 모습이 너무나 아름다웠습니다.

예수님: 사랑하는 딸아! 너는 내게 아름다운 반주로 늘 영광을 돌리지 않았니? 네가 아름다운 반주로 주님께 영광을 돌릴 때 마음과 정성을 다하여 드리는 반주 소리가 천국에 올라왔단다.

유혜은: 정말 주님께 전심으로 드리는 것은 하나도 땅에 떨어지지 않는군요. 저는 음악을 전공한 게 아니라서 늘 부족한 마음에 하나님께 반주할 때마다 기도를 드리지 않을 수 없었는데, 은혜로 잘 감당하게 하신 주님을 찬양합니다.

제가 여덟 살 때 주일학교 반주를 시작해서 중학생 때는 수요예배 반주를, 고등학생 때는 오전예배 전자오르간 반주를, 그리고 대학생이 된 후로는 성가대 반주를 하게 하셨지요. 지금도 잊을 수 없는 것은 신기하게도 코드를 깨닫게 하시고 성가대 악보를 순간 머릿속에 입력이 되는 등 반주를 하는 내내 주님 주신 은혜를 생각하면 다 헤아릴 수 없습니다. 사랑하고 찬양합니다. 주님!

예수님: 너는 늘 부족하다고 하면서 예배 전에 일찍 나와서 기도로 준비한 걸 잘 안다. 네가 기도할 때마다 영성 있는 반주를 할 수 있도록 매번 성령이 함께했느니라.

유혜은: 예수님 감사합니다. "사람이 무엇이기에 주께서 그를 생각하시며 인

자가 무엇이기에 주께서 그를 돌보시나이까"(시편 8:4) 저는 이 말씀을 늘 진심으로 묵상하게 됩니다.

예배를 소홀히 여기지 말라

예수님: 오늘은 특히 예배, 기도, 말씀 묵상에 대해 이야기해 주고 싶구나! 이 이야기들을 들어야 할 많은 사람들이 있어서 너를 통해 전하고 한다. 코로나로 인해 많은 성도들이 예배에 대해 소홀히 여기게 되었구나. 가정에서 온라인으로 예배를 드리면서 점점 마음과 뜻 다해 드리기보다 요식 행위에 불과한 것으로 여기기도 하지. 또 대면 예배를 드린다 해도 예배에 대한 간절함보다 다른 사람의 눈을 의식해 의무로 생각하는 신자들도 많단다. 이처럼 마지못해 예배드리는 모습은 마귀들의 전략이 먹히는 것이기도 하지만, 악한 영들이 아주 좋아하는 일이란다.

하나님을 경배하고 찬양하기를 사모하면서 미리 기도로 준비하는 것을 번거로운 일로 여기고, 기도 시간을 정해 나와 교제하기를 귀찮아하며, 말씀 묵상은 더욱이 일에 지쳐 피곤하다는 핑계로 멀리하지. 내 마음이 아프구나.

유혜은: 정말 코로나로 인하여 예배에 대한 간절함이 줄어든 것 같아요.

예수님: 내가 너에게 말씀을 사모하는 마음을 부어 준 일을 기억하느냐?

유혜은: 네. 그래서 틈만 나면 말씀을 읽고 싶은 열망이 생겼고, 말씀을 가까이하는 자에게 주님께서 성령의 기름 부으심을 허락하신다는 것도 깨닫게 되었습니다.

예수님: 지난번에 양팔 저울 환상을 보여 준 것처럼 말씀과 성령의 은사는 나란히 가야 한다. 말씀 없이 성령의 은사만 좇는 자들은 신비주의

에 빠지기가 쉽고, 말씀만 중시하고 성령의 은사를 무시하는 자들은 온전히 주께 속한 자들이 아니란다.

유혜은: 주님도 말씀을 전하신 후에 성령의 은사들을 행하셨지요?

예수님: 말씀의 반석 위에 든든히 세워져 있어야 한단다. 교역자들을 위해 기도할 때면 늘 말씀을 가르치는 은사와 성령의 기름 부으심을 위해 기도해야 하느니라.

유혜은: 명심하겠습니다. 저에게 말씀을 사모하게 하시더니 성령의 은사까지 허락하셔서 고맙습니다.

예수님: 네가 기도하던 중 '30'이라는 숫자를 보고 30일 작정기도를 시작하지 않았니?

유혜은: 맞아요. 여러 환상 중에 30일 작정기도에 대한 마음을 주셔서 강대상에서 무릎을 꿇게 되었지요. 29일째 되던 날 제게 너무 귀한 입신의 은혜를 허락해 주셔서 30일 작정기도를 시키신 하나님의 섭리를 깨닫게 됩니다. 그저 '기도하라고 하시는가 보다'라고 순종했을 뿐인데, 주님의 은혜가 너무 귀하고 그 사랑에 겸손해질 수밖에 없음을 고백합니다.

예수님: 네가 나를 구하면서 애쓰는 모습이 예뻐서 그 마음을 귀하게 여겼고, 선물을 허락한 것이란다.

유혜은: 감사합니다. 저는 주님 없으면 결코 안 될 자입니다. 주님의 은혜가 없이는 한순간도 살 수 없거니와 주님 없는 세상은 제게 아무 의미가 없습니다.

예수님: 많은 성도들 가운데 시간도, 물질도, 몸도, 마음도 중심을 드리는 자가 적단다. 자기의 것을 다 쓰고 나서 남은 것으로 드리거나 그것조차 아까워서 인색하게 여기는구나. 나에게 나아오는 자들이 어떠한 마음으

로 오는지 그 중심을 내가 모르지 않는다. 하나님께 중심을 드리는 자에게 천국의 보화가 그들의 것이 될 것이고, 자기를 내려놓을 때 은혜가 임할 수 있음을 잊지 말아야 한단다. 자기 사랑을 버리지 못하고 자기 부인을 하지 못하는 자들은 나를 따라올 수 없느니라.

유혜은: 그래서 주님께서 "누구든지 나를 따라오려거든 자기를 부인하고 자기 십자가를 지고 나를 따를 것이니라"(마태복음 16:24)라고 말씀해 주신 것이군요.

예수님: 사람들이 보지 않는 곳에서 묵묵히 하나님만 바라보며 가난한 마음으로 주방에서 섬기는 자들과 매주 교회를 청소하는 자들처럼 이름 없이 빛도 없이 섬기는 자들의 수고가 하나도 버려지지 않는다는 것을 명심하렴.

유혜은: 네. 저도 가난한 마음으로 주님을 섬기기 원합니다.

예수님: 마음의 전부를 드리는 자, 곧 자신의 가장 중요한 것을 드리는 사람은 자기 생각과 고집을 버린 자들이다. 이들은 혈기를 모두 내려놓고 이김을 주시는 하나님께 자아를 온전히 드린 자들이니라. 또 그들은 매일 십자가 앞에 나아와 자신들의 짐을 모두 내려놓는 경건의 훈련을 연습하는 자들이다. 몸이 지치고 마음이 힘들어도 늘 기도의 자리를 지키는 자들에게는 천군 천사들을 보내서서 호위를 받게 하시지. 악한 마귀가 건드리지 못하도록 그들에게는 성령의 무기인 하나님의 말씀이 장착되어 있어 오히려 경건의 능력이 나타나느니라. 연약하지만 주님의 은혜로 하루하루를 살아가는 겸손한 자들이 하나님의 사랑을 받을 수 있는 자격이 있는 사람이란다. 빛과 어두움이 함께 존재할 수 없으므로 사랑과 빛이신 하나님만을 사랑할 것을 전해 주기 바란다.

유혜은: 네. 주님! 하나님을 사랑하면서 동시에 다른 것도 사랑할 순 없지요. 모두 내려놓고 주님만 사랑하겠습니다.

기도하고 있던 자리까지 나를 데려다주신 주님은 오늘은 특별히 누워 있는 나 자신을 바라보라고 하셨습니다. 아주 편하게 자는 듯 누워 있는 내 모습을 보고 있을 때 예수님이 말씀해 주셨습니다.

예수님: 예수를 믿고 천국에 가는 자들은 이렇게 편하게 자는 모습으로 천사들의 호위를 받으며 천국으로 오게 되느니라.

유혜은: 그렇군요. 오늘도 많은 은혜를 주셔서 감사해요. 깨닫게 해 주신 말씀들을 되새기며 작은 예수의 모습으로 주님을 본받아 살고 싶어요. "나의 사랑, 내 어여쁜 자야 일어나서 함께 가자"(아가 2:10)라고 하신 것처럼 주님께서 세상 사람들 모두에게 그렇게 말씀해 주셨으면 좋겠어요. 모두 기름을 준비한 신부로서 주님이 베풀어 주신 혼인 잔치에 참여하기를 간절히 원합니다.

이렇게 기도하는 동안 내 영혼이 누워 있던 자리로 들어오게 된 것을 알게 되었습니다.

· · · · · · ' ' · · · ✎ · ● · · · ·

귀하신 주님! 사랑이 가장 큰 능력이요, 가장 큰 은사임을 오늘도 깨닫게 하시니 참으로 고맙습니다. 나의 모든 경배를 주님만 받으시고 하나님만 영광을 받으시길 원하오며, 존귀하신 예수 그리스도의 이름으로 기도드립니다. 아멘.

11장 하나님은 우리의 모든 **말**과 **행동**과 **생각**을 **불꽃** 같은 **눈**으로 보고 계십니다

열한 번째 입신 | 2021년 8월 5일 목요일

중보기도 중에 천국을 가다

기도가 어렵고 사는 기쁨이 없다고 말하는 분을 위해 중보기도하고 있었습니다. 환상을 보여 주셨는데, 두꺼운 가죽 같은 것이 그의 몸 전체를 뒤덮고 있었습니다. 그래서 주님께 그 가죽을 벗겨달라고 기도하고 있는데 주님이 모두 걷어내 주셨습니다. 그런 뒤에는 구멍 난 항아리가 생수의 강에 푹 잠겨 있었습니다. 강 표면에서 긴 줄기가 솟아오르기 시작했는데, 그 줄기가 천국까지 올라가면서 봉우리가 생기기 시작했습니다. 천국에 다다르자 예쁜 꽃으로 활짝 피게 되었습니다. 가만히 보니 활짝 핀 예쁜 꽃에서 내가 편하게 쉬고 있었습니다. 예수님은 나를 보시며 "사랑하는 딸아, 잘 왔노라" 하고 말씀해 주셨습니다. 그래서 오늘도 입신의 은혜를 주신 것을 알게 되었습니다.

유혜은: 예수님! 제가 타고 올라온 줄기들은 무엇인가요?

예수님: 그 줄기들은 성령의 아홉 가지 열매들이란다.

유혜은: 참으로 감사합니다. 오늘은 어떤 은혜를 주시려는지요?

예수님: 잠시 세상에 있는 교회들을 보거라.

인본주의에 빠진 교회, 번영신학에 물든 교회, 그리고 시골 교회

유혜은: 어떤 교회의 강대상에서 목사가 설교하고 있는데, 하나님의 말씀을 가장하여 사람들의 생각으로 만든 하나님을 주장하고 있네요. 사람들이 듣기에 편한 설교, 믿지 않는 사람들이 듣기에도 불편하지 않은 말만 하네요. 성경을 도덕책으로 여기다니…, 이 교회엔 참된 복음이 없는 것 같아요.

또 다른 교회가 보이는데, 아주 큰 교회네요. 여기에서는 목사가 계속해서 "복! 복! 복!"을 외쳐요. 일 년 내내 회개와 십자가를 전하지 않고, 기독교의 핵심인 죄와 구원에 대해서도 말하지 않아요. 예수님 잘 믿으면 대박 나고, 좋은 대학 진학하고, 형통한 삶이 주어진다고 가르치네요. 목사들은 예수 믿는 사람이 성공한다는 번영 사상과 기복주의만 전하고, 성도들은 "복 주옵소서"라는 간구만 부르짖네요.

세 번째 교회는 아주 외딴 시골 교회네요. 성도가 열 명도 안 되는 작은 교회인데, 목사가 열정적으로 "회개하라 천국이 가까이 왔느니라"라고 말씀을 선포하고 있어요. 회개의 영이 부어지고 십자가의 보혈이 전해지는 게 느껴져요. 바른 말씀이 척도가 되고 하나님의 임재하심이 느껴지네요.

예수님은 이런 교회를 기뻐하시지요. 하지만 많은 사람들은 십자가 복음을 듣기 싫어해요. 어떤 사람은 "교회 와서 좋은 이야기 듣고 마음이 쉼을 누리고 편안해야지"라고 말하고, 다른 사람은 "내가 죄인이니 회개해야 한다고? 난 이렇게 나더러 자꾸 고치라고 잔소리하는 설교는 무겁고 짜증 나! 사는 것도 가뜩이나 힘든데…"라고 화를 내네요. 많은 신자들이 이렇게 말하면서 예수님의 제자가 되는 것을 기뻐하지 않고, 하나님의 군사로 세워지기를 부담스러워합니다.

또 어떤 사람이 소리치네요. "난 적당히 믿고 싶어! 종교 하나쯤 가지고 있는 좋을 것 같아서 교회 오는데, 열심히 하라고 보채는 게 정말 싫어! 적당히 하면 안 될까? 아, 귀찮아!" 예수님의 고귀한 희생을 값싼 것으로 만들어 버리고 복음에는 관심이 없네요.

예수님: 정결한 하나님의 신부는 참된 복음을 듣고 지켜 행하는 자에게 주어지는 것인데, 진리의 복음을 잘 듣지 못하는 시대가 되었구나. 많은 사람들이 모든 것을 귀찮아하면서 마음이 완악하여졌다.

유혜은: 예배드리기 위해 교회에 오는 것을 단지 사교 모임처럼 생각하면서 그저 위로만 받고 싶어 하는 성도들이 의외로 많네요. 삼위 하나님에 대해서는 그다지 관심이 없어 보여요. 예수님을 제대로 알지 못하고 주님이 허락하신 구원의 길을 아주 형편없이 생각하고 있어요.

어떤 교회는 성령의 기름 부으심을 금기시하네요. 어떤 여자 성도가 열심히 기도하다가 혀가 꼬이면서 이상한 말로 기도하기 시작하네요. '어머! 이게 방언이라는 건가?' 하면서 무서워하다가 방언기도를 하지 않기 위해 기도를 끝내고 교회를 나가네요. 어떤 성도가 가까운 교회에 새벽기도를 갔는데, 방언으로 소리 내어 기도하니까 교역자가 와서 소리 내지 말고 기도하라고 툭 치네요. 정말 안타깝네요. 주님!

예수님: 말씀의 권위를 악용하고 성경이 말하는 하나님이 아닌 사람의 생각으로 만든 하나님을 주장하는 교회와 목회자들과 그들에게 배우는 성도들이 악한 영의 속임수에서 벗어나 회개하기를 내가 지금도 기

다리고 있단다. 나의 백성들이 땅에서의 삶을 다하고 지옥에 떨어지지 않도록, 죄의 길에서 돌아서도록 많은 중보기도자들이 기도하기를 바라노라.

유혜은: 인간의 눈으로 봐도 마음이 아픈데…. 한국 교회 목회자들과 성도들 가운데 회개의 영이 불같이 일어나기를 기도하겠습니다.

알코올 중독으로 인한 지옥

예수님은 이전처럼 지옥을 먼저 보여 주시겠다고 하셨습니다. 주님의 손을 붙잡고 깊이 아래로 내려왔는데, 들어본 적 없고 상상조차 해보지 못한 욕을 하면서 소리 지르는 사람을 보았습니다.

유혜은: 저 사람은 왜 이렇게 험한 욕을 하면서 비명을 지르는 건가요?

예수님: 저자는 세상에 있을 때 알코올 중독자로 살다가 회개할 기회도 없이 이 지옥에 온 자다.

유혜은: 그래서인지 온몸에 술병이 달려 있네요. 마귀들이 쇠망치로 그 술병들을 부술 때마다 살 속으로 유리 파편들이 파고 들어가요. 그리고 소리를 지를 때마다 뱀들이 튀어나오는 데다 뱀이 몸 곳곳에 우글우글 기어 다니고 있어요.

기도할 때 주님이 환상으로 보여 주셨던 것처럼 술을 들이마실 때마다 뱀과 독사들이 입을 통해 엄청나게 들어가는 장면이 이제야 이해되네요. 사람이 술을 마시는 것이 아니라 뱀과 독사들을 입속으로 들이붓고 있었던 거군요.

예수님: 그렇단다. 술은 뱀과 독사들을 몸에 쏟아붓는 것이기에 그 사람의 몸속에서 똬리를 틀게 되지. 알코올 중독자들이 이렇게 피폐해지면

아내와 자녀들을 때리고 학대하면서 자신의 삶은 물론 가정까지 파괴하게 된단다.

유혜은: "술 취하지 말라 이는 방탕한 것이니 오직 성령으로 충만함을 받으라"(에베소서 5:18)고 말씀하신 이유를 알겠어요. "세월을 아끼라 때가 악하니라"(에베소서 5:16)라고 하신 의미도 이해할 수 있을 것 같아요.

예수님: 어리석은 자가 되지 말고 깨어 있어 오직 주의 뜻이 무엇인지 분별해야 한다.

유혜은: 네. 명심하겠습니다.

시기와 질투와 이간질로 인한 지옥

그렇게 대답하는 동안 지옥의 또 다른 방으로 가게 되었습니다.

예수님: 시기와 질투의 영은 이간질하는 교활한 영이란다. 많은 사람들을 힘들게 만들고 서로를 물어뜯게 하여 결국 미워하게 하고 분노하게 만들지. 최악의 경우에는 다른 사람을 죽게 만드는 일이 벌어지기도 한다. 사람들은 그것이 악한 영의 속임수인지도 모르고 그 꾐에 넘어가 죄악에 빠지고 말지. 마귀에게 아주 작은 틈이라도 보이게 되면 악한 영들은 그것을 크게 부풀려서 죄에서 빠져나오지 못하게 하느니라.

유혜은: 그럼 저들은 그런 죄를 지은 자들이 예수님 앞에 회개하지 못하고 여기로 오게 된 자들이군요.

예수님: 그렇단다. 시기와 질투와 이간질의 작은 씨앗들이 부풀려지고 너무 커져서 마침내 이 지옥에 빠진 자들은 회개하지 않아서 자신의 영혼을 파멸시켰다.

유혜은: 사람들이 눈과 입 그리고 마음까지 모두 갈기갈기 찢겨서 아파하고 있는데, 마귀들이 날카로운 손톱으로 눈을 빼 버리고 입을 찢어서 떼 버리고 심지어 마음도 도려내네요. 사람들이 저마다 비명을 지르고 난리네요.

한 사람이 소리 지르며 뒤늦은 후회를 하고 있네요.

"내가 이런 고통을 당할 줄 알았으면 시기하지 않고 질투하지도 않았을 거고, 이간질도 하지 않았을 텐데…. 내가 예수를 믿었어야 했는데…."

게임 중독으로 인한 지옥

지옥의 비명 소리를 들으면서 또 다른 방으로 옮겨갔습니다.

유혜은: 이곳은 어떤 지옥인가요? '게임'이라고 쓰여 있네요.

예수님: 그렇단다. 이곳은 게임에 중독된 자들이 실생활을 게임처럼 살다가 회개할 기회조차 없이 죽음을 맞이하여 오게 된 지옥이다. 저자들은 마귀의 속임수인지도 모르고 게임에 점점 더 중독되었고, 그 영향으로 인해 아이들은 부모에게 반항하고 어른들은 자녀를 방치해 버리고 말았다. 최악의 경우에는 실제와 게임의 차이를 느끼지 못하고 살인을 저지른 자도 있단다.

유혜은: 게임에 중독되는 것이 그렇게 무서운 거예요?

예수님: 공격적이고 파괴적일 뿐 아니라 사람을 죽이는 연습을 하는 것 같은 게임을 악한 영들이 악한 심령을 가진 자들을 통해 만들고, 그런 게임으로 사람들을 현혹하지.

유혜은: 무서운 형벌을 받으면서도 게임을 놓지 못하는 이 영혼들이 불쌍하

기까지 하네요. 세상의 많은 문화 가운데 역사하고 있는 악한 영들의 교활함에 분노가 느껴집니다.

예수님: 그래서 깨어 있어야 하고, 때를 얻든지 못 얻든지 항상 기도에 힘써야 한단다.

불평과 원망으로 인한 지옥

그리고 우리는 또 다른 방에 도착했습니다.

예수님: 이곳은 욕과 짜증과 불평 그리고 원망이 가득한 곳이란다. 세상에서 그렇게 산 자들이 회개 없이 죽음을 맞이하여 이곳에 왔다.

유혜은: 왠지 불쾌함이 느껴졌어요. "아이 씨!" 같은 짜증 섞인 말들이 들리네요.

예수님: 하나님을 믿는다고 말하는 자들도 여기에 많단다. 진정으로 나를 만나지 못하고 온갖 짜증과 불평, 원망과 욕으로 살면서 회개하지도 않고 자신들이 살고 싶은 대로 살아왔던 자들이다. 죄짓고 싶은 대로 맘대로 살면서 말씀을 지식으로만 알고 있었던 자들이지.

유혜은: 어느 지옥이든 편히 바라볼 수 있는 지옥은 하나도 없고 이 무서운 형벌들을 무엇으로 표현할 수 있을까요? 매일 경건의 훈련으로 성령의 열매를 맺고 정결함과 거룩함으로 늘 주님 앞에 깨어 기도하기를 원합니다.

성도들의 기도와 예배와 섬김을 천사들이 천국으로 나르다

지옥을 보고 있는 것만으로도 무척 힘들었던 나는 예수님의 손을 잡고 무시무시한 곳을 벗어나 천국으로 올라왔습니다.

유혜은: 예수님! 갑자기 환상 중에 보여 주신 한 장면이 떠올라요. 하나님의 큰 손이 우리 교회 지붕을 덮고 있었어요. 그리고 예배를 드리는 성도들 가운데 전심으로 주를 찾는 자들 한 명 한 명에게 레이저 같은 빛이 그 마음을 감찰하시듯 비추는 장면을 보여주셨지요. 그때 레이저 빛이 성도들의 근심과 걱정을 태워 주셨고, 불안과 염려가 있는 자에게는 평안을 주셨던 것으로 기억합니다. 또 목사님이 설교할 때 그 레이저 빛이 마음에 부어져서 말씀이 마음판에 새겨진다는 것을 알게 해 주셨습니다. 이러한 일이 일어날 때 천국에서는 어떤 일들이 벌어지나요?

예수님: 천국에서는 천사들이 아주 바쁘게 일하고 다닌단다. 성도들이 예배를 드릴 때, 기도할 때, 하나님께 영광을 돌릴 때 성도들의 기도와 예배와 섬김을 열심히 천국으로 나른단다. 그리고 하나님의 영광과 빛을 천사들이 전해 주기 위해 아주 바쁘게 움직이게 되지.

불꽃 같은 눈으로 보고 계신 주님

주님이 하시는 말씀을 집중해서 듣고 있는데, 내게 또 하나의 장면을 보여 주셨습니다.

'설마 내가 이렇게 말하는 걸 들으시겠어? 내가 이렇게 행동하고 있는 것을 보고 계시겠어? 이것쯤이야. 뭐…, 죽을죄를 짓는 것도 아닌데. 뭘!'

사람들은 양심이 화인을 맞은 자들처럼, 또 회칠한 무덤처럼 죄에 대해 무감각해져서 하루하루를 살아가고 있는 게 보였습니다. 그리고 "너 때문이야"라고 비난하면서 남 탓만 하는 자들이 많았습니다.

예수님: 많은 사람들이 위험이나 곤경에 빠졌을 때에는 불꽃 같은 눈으로 자

신들을 지켜 달라고 기도하면서 육체의 소욕대로 살 때에는 하나님이 잠시 눈을 감고 계시기를 바라는 마음으로 살고 있단다. 사람들의 모든 말과 행동들 심지어 어떤 생각을 하고 있는지조차 모두 지켜보고 계신다는 것을 알려 주길 바란다.

유혜은: 네. 주님의 순결한 신부로 세워지기 위해 언제나 주님 앞에서 살아야 함을 반드시 전하겠습니다.

예수님: 이것 또한 알아야 한단다. 교회에서 주의 일을 한다고 하면서 정말 일만 하는 사람들이 있다. 하나님의 일을 한다고 하면서 내게 기도함으로 나아오지는 않고 인간적인 욕심으로 말 그대로 일만 하는 자들이 있다. 나는 그들과 교제를 나누면서 나의 계획과 마음을 알려 주고 싶은데, 그들은 나와 교제할 생각은 전혀 없고 그저 일만 하는구나.

유혜은: 저도 그런 적이 많았어요. 일 중독에 걸린 사람처럼 주님의 뜻이 무엇인지 헤아리기보다 완벽하게 일을 끝내서 사람에게 칭찬을 받으려고 했습니다. 용서해 주세요. 주님!

예수님: 마귀가 그렇게 일에만 집중하도록 만든단다. 나와 교제하지 못하게 만들지.

유혜은: 맞아요. 예수님! 주의 일을 할 때 주님과 대화하면서 주님의 마음을 알고 싶었는데…, 그러지를 못했어요.

일전에 목사님이 들려준 예화가 생각나네요. 반찬을 만들던 엄마가 딸과 이야기를 나누고 싶어서 딸에게 "함께 반찬을 만들지 않겠니?"라고 했는데, 딸은 엄마의 말에 순종한다며 반찬을 만들기 시작했어요. 엄마는 '한 가지 반찬을 만들어도 좋으니 나랑 얘기하지 않을래?'라는 의도였어요. 그런데 딸은 다섯 가지의 반찬을 만들면서

"엄마, 제가 지금은 일하느라 바쁘니 다 해놓고 엄마랑 얘기할게요" 하는 딸의 모습이 바로 저의 모습이었습니다. 예수님, 저를 용서해 주세요.

저야말로 주님의 일을 한다고 하면서 정말 일만 했어요. 이제는 일에 꽂힌 게 아니라 주님께 꽂히고 싶어요. 주님의 마음을 알고 주님 기뻐하시는 대로 주님과 함께하고 싶어요. 무지하고 부족한 저를 도와주셔서 오직 주를 기쁘시게 하는 자가 되게 해 주세요.

예수님: 많은 성도들이 그런 과오를 범하고 있단다. 내가 진정으로 받고 싶은 것은 그들의 마음이지, 그들의 일의 성과가 아니란다.

유혜은: 네. 예수님의 마음을 알고 싶어요. 많은 성도들도 주님의 마음을 알게 해 주세요.

악한 영의 공격 원리

주님은 세상에서 우리가 죄를 지었을 때 마귀가 어떻게 우리 안에 들어오는지 그 원리를 환상을 통해 보여 주셨습니다.

큰 자석이 사람 몸속에 있는 것을 보여 주셨는데, 예를 들어 우리가 우울해하면서도 하나님께 기도하지 않을 때 우울의 악한 영이 마치 자석에 달라붙는 철가루처럼 순식간에 달라붙어 우리 속에 들어왔습니다. 또 우리가 선한 거짓말이라고 하면서 거짓말을 하는 순간 거짓의 악한 영이 자연스럽게 자석에 순식간에 달라붙어 우리 속에 들어왔습니다. 그리고 교만한 생각이나 말을 할 때에는 교만의 악한 영이 딱 달라붙어서 우리 속으로 들어오는 것이 보였습니다. 대적 마귀가 우는 사자 같이 두루 다니며 삼킬 자를 찾고 있다는 말씀처럼 마귀가 '이때다!' 하면서 들어올 근거가 되는 먹이를 주지 않도록 우리가 깨어 기도해야 함을 다시 한 번 알게 하셨습니다.

한편 우리가 죄를 짓는 순간 자석의 반대쪽에서 우리 안에 계시는 성령님은 마치 독한 연기를 마시는 것같이 숨쉬기 힘들어하시는 것을 볼 수 있었습니다. 어떤 사람이 '아, 이건 죄인데…'라고 깨닫고는 곧 '주님! 제가 잘못했습니다. 주의 보혈로 나를 용서해 주세요'라고 회개기도를 하자 속에 계시는 성령님이 깊은숨을 들이쉬면서 그 사람을 위해 친히 간구할 바를 간구하기 시작하시는 것을 보여 주셨습니다. 거룩하신 성부 하나님, 흠이 없으신 성자 예수님, 그리고 우리 안에 내주하시는 성령님은 정말 죄와 공존할 수 없는 분임을 깨달을 수 있었습니다.

예수님은 내게 회개의 영이 가득하여 날마다 더욱 정결해지는 하나님의 도구이자 하나님의 통로가 되기를 간절히 바란다고 말씀하셨습니다. 예수님의 마음에 흠뻑 젖어 주님의 말씀을 경청하는데, 이렇게 말씀하셨습니다.

예수님: 오늘도 수고했구나. 성령의 열매라는 꽃으로 천국에 온 것처럼 성령의 열매를 맺게 한 줄기들을 통해 네가 기도하던 자리로 돌아가게 할 것이다. 하나님의 성품이기도 한 성령의 아홉 가지 열매인 사랑, 희락, 화평, 오래 참음, 양선, 자비, 충성, 온유, 절제 (갈라디아서 5:22~23)를 맺기를 원하노라. 많은 성도들도 성령의 능력인 이 아홉 가지 열매를 맺고 자기부인을 통해 하나님의 성품을 몸 밖으로 나타내기를 간절히 원하노라.

유혜은: 네. 저를 비롯한 모든 성도들에게 하나님의 성품이 맺히기를 기도하겠습니다.

이렇게 기도하는 동안 내 영혼은 다시 몸 안으로 들어왔습니다.

• • • • • • • ' ' • • • • • ' • • • • • • • • • •

귀한 은혜를 베풀어 주시는 좋으신 하나님! 주님이 원하시는 하나님의 성품인 성령의 열매들을 맺는 삶으로 주님을 드러내길 진심으로 원합니다. 제가 삶 속에서 그리스도인으로서 본을 보이는 삶의 예배를 드리게 하셔서 나를 통하여 하나님의 영광이 드러나고 하나님의 나라가 확장되는 데 통로로 쓰임 받기를 간절히 바랍니다. 오늘도 성부, 성자, 성령 삼위의 하나님께 영광을 올려 드리며, 예수님 이름으로 기도드립니다. 아멘.

12장 믿는 자라도 양은 천국으로 가고 염소는 지옥으로 떨어집니다

열두 번째 입신 | 2021년 8월 9일 월요일

성령의 검

마음이 힘들고 생각이 복잡해서 도저히 혼자 기도를 못 하겠다는 분이 중보기도를 부탁하여 함께 기도하고 있었습니다. 함께 기도하는데, 악한 영이 계속 칼을 들고 공격하려는 환상이 보였습니다. 기도 부탁한 분과 내게 주님께서 영적인 힘을 주셔서 악한 영을 물리칠 수 있게 해 달라고 방언으로 더욱 간절히 기도했습니다. 그렇게 십 분쯤 기도하고 있는데, 주님이 우리 두 사람에게 성령의 검을 각각 쥐어 주시는 환상을 다시 보게 하셨습니다.

"이 더럽고 악한 영아! 예수의 이름으로 명하노니 떠나갈지어다!"라고 외치면서 계속 방언으로 축사를 했습니다. 악한 영의 칼은 성령의 검에 의해 부서지고 악한 영의 머리가 잘려나간 후 가슴, 배, 무릎, 발까지 모두 절단되었습니다. 마지막까지 "이 악한 영들아! 예수 이름으로 명하노니 지옥으로 떨어질지어다!"라고 기도했는데, 그 더럽고 악한 영이 완전히 사라지는 것을 느끼게 하셨습니다. 그리고 환상으로 완전히 나가떨어지는 것을 보게 해 주셨습니다.

"할렐루야! 아멘!"

감사기도를 드리는데 다시 환상이 보였습니다. 예수님이 천국에서부터 내가 기도하고 있는 자리까지 손을 쭉 내밀어 주셨습니다.

예수님: 나의 손을 잡고 천국으로 가자.
유혜은: 네. 예수님! 감사해요.

나는 예수님의 손을 잡고 단번에 천국으로 올라가게 되었습니다.

예수님: 마귀에게 틈을 보이면 호시탐탐 그리스도인들을 노리는 악한 영들
      이 삼킬 자를 찾고 있기 때문에 매 순간 깨어서 기도해야 한다.

그때 마침 지인이 위암으로 수술하고 항암 치료에 들어가서 중보기도를 부탁했는데, 예수님에게 여쭤보았습니다.

유혜은: 지인이 치료되는 거 맞지요? 기도하면 맘이 편안해서요.
예수님: 네 지인은 그 고난을 통해 온전히 나에게 오게 되어 간증하게 될 것
      이다. 그의 아내 또한 중보기도의 사명이 있는 자이다. 병든 이들을
      위하여 부부가 열심히 사명을 감당하게 될 것이고, 그 사명을 모두
      마친 후에 내게 오게 될 것이니라.

너무 기쁘고 감사해서 눈물이 났습니다. 주님은 이어서 말씀해 주셨습니다.

예수님: 자신의 힘이 다 빠질 때 그제야 주님께 항복하는 자들이 있다. 그들이 항복할 때에 주님이 비로소 일할 수 있느니라.

유혜은: 네. 그래서 우리 자아가 매일 죽어야 하고 내 생각이 없어져야 주님이 내 안에서 역사하실 수 있다고 하시는 거군요. 깨닫게 해 주셔서 감사합니다.

아프리카를 보여 주시다

감사기도를 드리는데, 주님은 나를 다른 곳으로 인도해 주셨습니다.

유혜은: 아직 정확하게 어디에 온 건지 모르겠지만, 천국에서도 특히 더 행복하고 평안한 곳이라고 느껴져요.

나도 모르게 '눈물이 없고 기쁨만 넘쳐나는 천국'이라고 속삭였습니다.

유혜은: 이곳에는 열매들이 주렁주렁 열려 있고, 맛있는 과일들도 아주 많네요. 천국은 배고픔도 눈물도 서러움도 없는 곳이에요. 천국 어디를 가든 다 좋지만, 특히 이곳에서는 하나님의 자비하심과 인자하심이 아주 많이 느껴지네요.

그 순간 예수님은 세상에서 일어나는 아프리카 어느 곳의 비참한 모습을 환상으로 보여 주셨습니다. 가끔 TV를 보면 먹지 못해 뼈만 앙상한 아기들을 볼 수 있었는데, 실제로 그런 일이 일어나는 곳이었습니다.

예수님: 저 아기들이 너무 불쌍하지 않니?

유혜은: 네. 예수님! 맘이 너무 아프네요. 천국에는 이렇게 먹을 것이 많고 배고프지도 않는데, 저 아이들은 얼마나 배고플까요? 굶주린 저곳에 선교 활동이 더 많이 이루어졌으면 좋겠어요. 적어도 아이들이 배곯는 일만큼은 없었으면 좋겠어요. 저렇게 배고파 힘들어하는 아이들이 복음을 듣지 못한 채 천국을 오지 못한다면 너무 불쌍하잖아요?

예수님: 그래. 저 아이들 한 명 한 명을 내가 소중히 여기고 있단다.

유혜은: 지금도 제3세계 국가들을 비롯해 많은 곳에서 아프리카 아이들처럼 굶어 죽어가는 아이들이 많다고 합니다. 북한은 말할 것도 없고 불쌍한 이들 모두가 행복했으면 좋겠어요.

양과 염소

주님은 또 하나의 환상을 보여 주셨습니다. 말씀에서처럼 양은 오른쪽에, 염소는 왼쪽으로 가르시는 것을 보여 주시면서 "오른쪽에 있는 양들은 알곡으로 천국에 갈 것이고, 왼쪽에 있는 염소들은 가라지로서 지옥에 떨어지게 될 것이니라"라고 말씀해 주셨습니다. 오른쪽에 있는 알곡은 정말 행복해 보였습니다. 안타까운 마음에 왼쪽에 있는 가라지를 자세히 살펴보는데, 그동안 지옥에서 보았던 유형의 사람들이 많았습니다. 겉모습은 사람이지만, 그들의 영혼을 보니 염소처럼 생긴 것을 알 수 있었습니다.

유혜은: 어떤 젊은 여자가 염소 쪽에 서 있는데, 손목을 보니 칼로 수십 번 자해했는지 손목에 칼로 그어진 자국들이 많네요. 그 영혼의 모습이 자세히 보이는데, 목과 손에 뱀들이 칭칭 감겨 있어요. 목을 타고 양쪽으로 올라온 구렁이들이 정수리에 똬리를 틀었네요. 하나님의 사

랑으로만 변화될 수 있는 자들입니다. 아직 기회가 있다면 이들을 양의 자리로 옮겨 주세요.

예수님: 그렇단다. 세상에는 너무나 많은 사람들이 많은 상처와 사랑의 결핍으로 인하여 하나님의 사랑이 아니고는 고통에서 헤어나올 수 없구나. 더 많은 중보기도자들이 일어나 깨어 기도해야 한단다.

자신들을 위한 하나님

그렇게 말씀하시는 예수님의 눈에서는 눈물이 뚝뚝 떨어졌습니다. 한참을 우시더니 내게 물으셨습니다.

예수님: "자기를 위하여 새긴 우상을 만들지 말라" 한 것을 기억하느냐?

유혜은: 네. "자기를 위해 어떤 형상대로든지 우상을 새겨 만들지 말라"(신명기 4:16) 하셨는데, 지금도 그런 자들이 많나요?

예수님: 하나님을 믿는다고 하는 자들도 '자기들만의 하나님'이라는 우상을 만들어 놓고 있단다. 하나님의 뜻이 뭔지 모르고 궁금해하지도 않으면서 자신들이 원하는 대로 해 달라고 억지를 부리는 자들이지. 자기부인과 관계없이 살면서 '자신들을 위한 하나님'이라는 우상을 만들어서 사는 자들이 너무나 많구나. 그들에게 묻고 싶구나.

'너희의 하나님은 도대체 어디 있느냐? 너희가 믿는 하나님은 도대체 누구이더냐? 자기 마음에 맞고 자기 뜻을 따라주어야만 하는 하나님을 만들어 놓고, 그런 하나님일 때만 믿고 순종하겠다고 하는 어리석은 자들이여!'

예수님은 한 영혼이라도 지옥으로 데려가려고 하는 마귀의 궤계를 보시면서 거룩한 분노를 드러내셨습니다. 다시 말씀을 이어 가셨습니다.

예수님: 하나님의 사랑을 마음에 품고 사람들을 긍휼히 여기고, 예수를 위하여 참으면서 자신의 억울함에도 불구하고 핍박이라고 여기지 않는 자들이 있느니라. 사람들의 영혼이 너무나 불쌍해서 울고 그들의 영혼을 위해 기도하는 그들을 내가 기억하고 귀한 선물을 준비해 두고 있단다. 그렇게 육체의 소욕을 따르지 않고 성령의 인도하시는 바대로 사는 자들에게 줄 선물이 따로 있는데, 끝까지 인내하여 하나님의 뜻과 선을 이루라고 전해 주렴.

자기를 자랑하는 자들

이어서 예수님은 내게 "아래를 보거라"라고 말씀하셨습니다. 시공간을 초월하시는 주님은 자기의 의를 드러내면서 인정받고 싶어 하며 자랑하고 싶어 하는 많은 이들이 득실거리는 세상의 한 곳을 보여 주셨습니다.

유혜은: 큰 교회인데, 검은 옷을 입은 자들과 흰옷을 입은 자들이 왜 양쪽으로 나뉘어 있는 거예요?

예수님: 이곳에는 오직 예수의 의와 영광만 드러나며, 늘 겸손하게 "하나님이 나와 함께하시는 것만으로도 감사해요"라고 말하던 자들이었다. 모든 은사가 하나님의 기름 부으심으로 오지 않더냐? 그런데 이들은 지금 자기 의를 드러내기에 바쁘구나. 모든 일을 이루어 가시는 주님을 바라보기보다 헛된 욕심을 구하며 스스로 길에 구덩이를 파고 빠진 자들이니라. 입에 재갈을 물려 달라고 기도해야 할 이유가 여기에 있다. 파수꾼이 아침을 기다리듯 간절한 마음으로 하나님의 일

하심을 인내하며 주님만 바라보아야 하느니라.

　또 낙심하여 하나님을 오롯이 신뢰하지 않고 불안해하는 영혼들이기도 하다. 하나님은 한 번도 실수하지 않으시고 늘 신실함으로 성도들의 인생을 이제껏 책임져 오신 분이 아니더냐? 그런데 이들은 자신들의 이름이 밝혀지고 은사가 부각되지 않으면 드러내기 위해서 안달하는 자들이다.

유혜은: 다 제 얘기 같아요. 용서해 주세요. 주님의 보혈로 씻으시고 성령의 불로 태워 주셔서 오직 정결함과 거룩함으로 주님께 나아가기를 원합니다.

예수님: 때가 악하구나. 늘 깨어 있어야 한다. 모든 운명이 손금에 달려 있다고 해서 손을 성형하는 자들, 사주를 따져가며 운명에 기대는 자들, 가구를 이곳에 배치하면 안 된다면서 풍수를 읊어대는 자들, 헛되고 헛된 것에 빠져 있는 자들이 불쌍하도다!

　말씀과 상관없이 사는 미련한 자들, 배를 채우는 것에만 욕심을 내면서 탐심만 가득한 자들, 사치와 낭비로 살면서 음식을 쉽게 버리고 불쌍한 다른 이들을 위해서는 조금의 긍휼도 없는 자들, 예수를 믿는다 하면서 자신의 부족함을 자기가 채우면 된다고 자부하는 자들 모두가 하나님의 은혜를 모르는 자들이구나! 그들이 정녕 원하는 것은 하나님이 아니라 돈이 아니더냐? 그들은 오히려 좁은 길을 걷고 있는 참된 나의 백성들에게 손가락질하면서 미련하다고 비웃고 있구나! 그들에게 내가 하고 싶은 말이 있다면 너희가 참으로 하나님을 모르는 자들이니라.

유혜은: 저야말로 그동안 예수님을 잘 모르고 다른 사람의 어려움에는 관심도 없고 그저 저 자신을 위해 살았던 자입니다. 저를 용서해 주세요.

이제부터라도 주님만 위하여 살기를 소원합니다.

예수님은 계속 말씀을 이어가셨습니다. 주의 종들이 사명을 잘 감당했을 때 선물도 크지만, 잘 감당하지 못했을 때는 책망도 더 큰 것처럼 은사를 주께 귀히 받은 자들도 마찬가지라고 말씀해 주셨습니다. 영적 세계를 깊이 알수록 더 겸손할 것과 은사를 받기 전보다 더 정결할 것에 대해 명심해야 한다고 하셨습니다.

주의 종들과 은사를 열어준 자들에게는 여러 가지로 더욱 경계하고 세상과 구별되어야 한다고 강조하셨습니다. 주어진 사명에 대해 왜 늘 촛불을 켜야 하는지 진지하게 말씀하시면서 변질되지 않도록 더욱 깨어 기도해야 함을 정확히 짚어 주셨습니다.

영적 분별을 위해서는 늘 예민하게 하나님께 안테나를 똑바로 세우고 말씀을 정결하고 거룩하게 받아야 한다고 당부하셨습니다. 왜냐하면 선한 영향력과 함께 주의 종들과 귀한 은사를 열어준 사역자들을 향한 마귀의 공격이 훨씬 심하기 때문입니다. 그래서 성령의 은사를 구할 때는 말씀과 기도로 거룩함을 옷 입어야 합니다. 그래야 변질되지 않을 수 있다고 하셨습니다. 즉 사람은 금방 교만해질 수 있기 때문에 항상 주님께 바짝 엎드려서 기도할 것을 부탁하셨습니다.

예수님: 그러한 자들이 회개하지 않아 가는 지옥은 무섭고 징그러운 형벌들을 받으면서 영원히 죽지 않는 곳에서 마귀들이 비웃으며 신나서 고통을 더하는 곳이니라.

유혜은: 겸손하고 깨어서 정결해지고 거룩해지기를 기도하기에 힘쓰겠습니다.

예수님: 작은 예수로 살아야 한다. 믿음의 형제들에게도 작은 예수로 살아갈
　　　　것을 권면해 주려무나.

유혜은: 네. 제 삶도 하나님의 은혜가 아니면 설명이 되지 않는 것을 잘 압니
　　　　다. 그리 아니하실지라도 늘 감사하고 어떠한 상황에서도 주님의 은
　　　　혜만 기억하겠습니다.

예수님: 고생했노라. 내 사랑하는 딸아!

나는 두 손을 들고 주님께 기도하던 자리로 와서 그대로 기도하고 있
었습니다. 성부, 성자, 성령 삼위의 하나님이 천상에서 회의하시는 장면을
보았는데, 아직 정확히 알아들을 수 없었습니다, 주님께 언젠가 그 깊은
세계를 알게 해 달라고 기도했습니다.

• • • • • • • • • • • ' • ✓ • • • • • • •

부족하고 미련한 자에게 오늘이라는 시간을 허락하시고, 기도 자리
를 지키게 해 주셔서 감사드립니다. 하나님의 마음과 사랑을 알아
갈수록, 그리고 주님의 깊은 은혜를 더욱 알아갈수록 나는 정말 먼
지만도 못한 자라는 것을 알게 됩니다. 주님의 크심을 알수록 나는
작고 비천하며 하나님의 은혜가 아니면 살 수 없는 자임을 고백하
게 됩니다. 주님 찬양하고 사랑합니다. 주님만 영광 받으세요. 크신
예수님 이름으로 기도합니다. 아멘.

캐나다에 있는 친언니와 함께 시간을 맞추어 기도할 때였습니다. 언니에게는 계단으로 천국을 올라가는 환상을 보여 주셨고, 내게 보여 주신 환상은 천국까지 쭉 뻗어 있는 사다리를 보게 하셨습니다.

중요한 건 같은 시간에 각각 기도하는 자리에서 천국을 올라가고 있었다는 사실입니다. 계단으로 올라가든, 사다리를 타고 올라가든 같이 기도하는 시간에 주님이 환상을 통해 천국으로 올라가는 은혜를 주신 것이 감사했습니다.

기도의 자리를 지키는 것

그렇게 서로 은혜를 나누면서 계속 기도하는데 천국 문에 다다른 나를 주님이 손잡아 주셨습니다. 그리고는 "오늘도 기도의 자리를 지켜 주어서 고맙구나!"라고 말씀해 주셨습니다.

내가 천상에서 열리는 회의를 궁금해한다는 걸 예수님은 알고 계셨습니다. 그래서 내게 영적으로 더 깊은 단계로 들어가게 되면 삼위 하나님이 천국에서 하시는 천상 회의를 직접 보게 될 것이라고 하셨습니다.

유혜은: 그런데 말씀을 사모하고 묵상도 열심히 하는 목사인데, 성령의 은사와 천국과 지옥을 직접 보는 입신의 은혜를 두고 신비주의를 추구하는 것으로 여기는 분이 있습니다. 주님은 이에 대해 어떻게 생각하시나요?

예수님: 마지막 때가 가까울수록 그런 자들이 많단다. 성경에 많은 성령의 역사들이 기록되어 있음에도 그것들을 믿지 않는 자들이란다. 나를 온전히 알지 못하는 자들이로다. 교만함을 버리고 성령의 기름 부으심을 전심으로 구하는 자들이 되었으면 좋겠구나. 마지막 때에는 마귀의 악랄함이 더하기에 성령의 아홉 가지 은사와 입신의 은혜가 마귀를 대적하는 데 강력한 도구가 될 것이다. 세상을 잠시 보거라.

사람의 약점을 공격하는 악한 영들

마귀가 성도들의 틈을 엿보려고 호시탐탐 노리고 있는 게 보였습니다.

"자, 지금이다! 저 성도의 약한 부분을 우리가 제일 잘 알고 있잖아? 지금 그 마음에 초인종을 눌러라!"

대장처럼 보이는 마귀가 졸개 마귀들에게 명령을 내리고 있었습니다. 그러자 그 성도의 마음이 요동치기 시작했습니다. 자존심이 건드려지는 것을 제일 싫어하는 그의 평온했던 마음에 자존심을 건드리는 일이 생기자 마귀들은 초인종을 눌러 대느라 매우 바빠 보였습니다. 자기 사랑이 많은 사람은 마음에 피해의식이 느껴지자 마귀들이 또 초인종을 눌러 대느라 분주했습니다. 음란에 쉽게 빠지는 사람은 음란의 조짐이 보이자 마귀가 말하길, "이 자는 음란에 약한 것을 우리가 너무나 잘 알지! 빨리 초인종을 눌러 버리자"라고 하면서 마귀들이 움직이기 시작했습니다.

예수님: 마귀들은 성도의 제일 연약한 부분을 너무 잘 알고 있단다. 각 사람의 죄에 빠지기 쉬운 부분을 잘 알고 있기 때문에 초인종을 눌러대며 그 마음을 뒤집어 놓지. 그러면 기도하며 성령 충만함에 있지 않은 사람들은 연약한 부분을 이기지 못하고 혈기를 내거나 음란에 빠지거나 피해의식이라는 마음의 초인종을 눌러서 우울과 좌절에 빠지게 만든다. 그래서 각 성도들은 특히 자신의 연약한 부분을 마귀에게 내어주지 않도록 기도하면서 약한 부분을 이겨내기 위해 훈련해야 한단다.

유혜은: 저도 약한 부분이 많은 걸요. 그래서 마음이 힘들어지는 순간 '난 절대로 마귀에게 질 수 없어. 난 하나님의 자녀야'라고 마귀를 대적하여 주님께 기도하면서 마음을 빼앗기지 않도록 해야 하는 거군요. 저도 마귀들이 초인종을 눌러대도 더 이상 안 통해서 저들이 실망하고 물러나도록 약한 부분을 훈련하고 기도에 힘쓰겠습니다.

예수님: 그래. 많은 성도들이 이 훈련이 부족하여 넘어진단다. 또 하나의 환상을 보거라!

자책하는 자

다른 환상에서는 자기 가슴을 치면서 괴로워하는 사람이 보였습니다. 그는 자신을 학대하면서 모든 것을 자기 탓으로 돌렸습니다. 하나님이 만드신 걸작품인 자신을 두고 늘 만족하지 못하고 미워하던 사람이었습니다.

주일 말씀에서 죄와 피 흘리기까지 싸워야 한다는 말씀을 듣고는 '그래. 나를 자책하고 미워하는 것도 죄로구나. 이제 마귀에게 대적하면서 나를 미워하지 말아야지'라고 결심하면서 집으로 돌아왔습니다. 그런데 집에 오자마자 또 자신을 미워하게 될 상황이 생겼습니다. 그 순간 말씀이 생각나서 '죄와 싸워야지' 하면서 다시 마음을 굳게 다잡기 시작했습니다. 그는 "권세 있고 능력 있는 예수 이름으로 명하노니 내 마음을 힘들게 하는 더러운 마귀는 물러갈지어다!" 하고 외쳤습니다. 그러자 마귀들이 도망가는 환상이 보였습니다.

예수님: 보았느냐? 이처럼 죄와 싸우려는 의지와 결심이 필요하고, 주님을 의지하여 예수 이름으로 대적할 때 마귀가 물러가고 약한 부분이 훈련될 때 마귀는 틈을 보지 못하게 되느니라.

유혜은: 네. 마음을 강하고 담대히 하여 예수 이름으로 마귀를 대적하고 죄와 싸울 때 더 이상 마귀에게 공격당하지 않게 되는 거군요.

예수님: 그렇게 마귀를 대적하고 죄를 이겨낼 때마다 곁에 있던 천사들이 죄와 싸워 이긴 쪽지를 천국으로 가지고 와서 증거의 방에 너의 이름이 적힌 메모지를 차곡차곡 쌓아 놓는단다. 마찬가지로 죄와 싸우지 않고 마귀에게 져서 죄를 지을 때마다 죄와 싸워 이기기를 기도하던 천사들은 죄지은 것을 증언할 수밖에 없다고 하면서 안타까워한단다.

유혜은: 예수님! 늘 죄와 싸워 이길 수 있도록 저와 우리를 불쌍히 여기셔서 도와주세요.

이렇게 대답을 하고 있는데, 예수님은 기도할 때 환상으로 보여 주셨던 장면을 다시 펼쳐 보여 주셨습니다.

예수님: 너와 캐나다에서 목회를 하는 주의 여종인 친언니가 함께 기도하고

있을 때 너희 영이 행복해했던 것을 기억하니?

유혜은: 네. 예수님! 언니와 시간을 맞추어 함께 열심히 기도하고 있을 때 언니와 저는 생명수 분수대에서 떨어지는 생명수를 맞으면서 아이들처럼 신나게 뛰어놀면서 행복했어요. 주님이 성령의 단비까지 내려주셔서 "가물어 메마른 땅에 단비를 내리시듯 성령의 단비를 부어 새 생명 주옵소서"라고 찬양하며 언니와 손잡고 너무 기뻐서 빙빙 돌았던 환상을 기억합니다.

예수님: 너와 친언니 둘 다 몸이 아파서 힘들어하고 있는 것을 내가 알기에 생명수 분수로 너희를 치료하고, 성령의 단비를 내려 너희에게 성령의 기름을 부었단다.

유혜은: 예수님, 부족한 저희들을 사랑해 주시니 주님의 은혜에 감사를 드려요.

예수님: 오늘 전할 말이 있어 두 개의 지옥을 보여 주려 한다.

돈 욕심으로 사람을 죽인 자들의 지옥

예수님의 손을 잡고 깊은 곳이라고 느낄 만큼 밑으로 내려갔습니다.

돈을 사랑함이 일만 악의 뿌리가 되나니 이것을 탐내는 자들은 미혹을 받아 믿음에서 떠나 많은 근심으로써 자기를 찔렀도다 (딤전 6:10)

예수님: 돈을 사랑하는 것이 모든 악의 근원이라는 말씀을 기억하느냐?

유혜은: 네. 돈 때문에 사람을 죽이고, 돈 때문에 악한 일이 많이 생기는 것이 참 속상해요.

어느 곳에 도착한 느낌이 들어서 주님께 여쭈었습니다.

유혜은: 여기는 유독 돈 냄새와 피 냄새가 많이 나고…. 토할 것만 같아요.

예수님: 그렇지? 이곳은 돈 욕심으로 인해 사람을 죽이고 회개할 기회 없이 죽은 자들이 와 있는 지옥이란다.

유혜은: 돈 때문에 별별 이유로 사람을 아주 많이, 그리고 잔인하게 죽인 사람들인 것이 영으로 느껴지네요.

예수님: 이자들이 세상에서 어떻게 살았는지 보거라.

그러자 지옥에 있던 사람들이 세상에서 어떻게 살았는지 환상을 보여 주셨습니다.

유혜은: 세상에…! 돈이 뭐가 그리 좋다고 이렇게 사람을 잔인하게도 죽이네요. 또 어떤 사람은 자기 손에 피를 묻히지는 않았지만, 청부 살해를 하고 있네요.

예수님: 돈을 너무 사랑한 결과, 살인의 영이 이자들의 영을 지배했구나. 하나님을 모르고 하나님을 떠나 있는 자체가 죄임에도 이들은 하나님은 없어도 돈이 없으면 안 된다고 하면서 물욕에 빠진 자들이니라. 일만 악의 뿌리가 되는 돈이 이들의 영혼을 피폐하게 만들었단다.

유혜은: 보험 사기로 가족까지 죽였다는 뉴스를 들은 적 있는데, 이 지옥에는 그런 악행을 저지르고 온 자들이 너무 많네요. 손쉽게 돈을 손에 쥘 목적으로 보험을 들고 가족을 살인한 자들이 받는 형벌이 끔찍하네요. 이자들의 몸에 돈이 잔뜩 붙어 있어요. 그런데 그 돈 안에는 아주 징그러운 벌레들이 엄청 많이 딱풀처럼 붙어 있네요. 그것만으로

도 비명을 질러대는데 계속 불이 붙어서 머리부터 발끝까지 타면서 형체가 사라졌다가 다시 살아나기를 무한 반복하고 있어요.

형벌을 받고 있는 자들에 대해 말하고 있는데, 그 지옥에서 고통받던 한 사람이 저주를 퍼부으며 말했습니다.

"나는 그저 편하게 살고 싶었을 뿐이야! 그런데 이 지옥은 나를 계속 죽음의 고통에 밀어넣고 있어. 왜 죽을 수도 없는 거야! 그냥 죽여줘! 왜 죽음의 고통이 멈추지 않는 거냐고! 그저 편하게 살고 싶었을 뿐인데!"

유혜은: 지금 보이는 사람은 마약을 팔아서 거금을 챙기던 사람이네요. 마약 유통을 위해 거대한 조직폭력배를 거느리면서 너무나 많은 사람들을 개미 보듯 하면서 마구 죽였네요. 세상에 있을 때도 사람이 아니었어요. 이미 마귀에게 붙들려 살던 사람인가 봐요. 세상에서부터 온몸에 살모사 같은 뱀으로 뒤덮여 있었는데, 지금도 뱀들이 휘감고 있네요. 말로 표현할 수 없을 정도의 형벌을 받고 있어요.

주님이 다른 곳을 스포트라이트로 비추시니 어떤 여자가 세상에서 살았던 모습과 지금 이 지옥에서 받고 있는 형벌이 보였습니다.

유혜은: 저 여자는 남편을 청부 살해했네요. 자기 손에 피를 묻히지 않았지만, 칼로 직접 사람을 죽인 것과 같이 무서운 형벌을 받고 있네요. 살인의 영이 들어오면 저렇게 무서운 짓을 할 수 있는 걸까요? 돈이 많았던 것 같은데도 돈으로 행복을 채울 수 없었고, 미움의 영이 결국 살인의 영을 불러들인 사람이네요. 돈으로 보이는 쇠줄 같은 것

이 위에서 내려와서 저 여자를 칭칭 감고 있는데, 구렁이와 독사들이 줄을 뚫고 들어갔다 나왔다 합니다. 들어갈 때는 온몸의 핏줄이 터지고 나올 때는 눈이며 심장이며 모두 조각을 내어 물고 나오는데 징그러워서 토할 것 같아요.

예수님: 세상에는 지금도 엄청나게 무서운 일들이 곳곳에서 벌어지고 있단다. 이자들이 받는 형벌도 끔찍하지만, 이 지옥과는 차원이 다른 지옥으로 오게 될 무서운 죄를 짓고 있는 사람들이 있다. 그들이 끝까지 회개하지 않고 죽게 될 때는 나의 무거운 심판만 남게 될 것이니라.

유혜은: 예전에 기도하던 중 환상으로 보여 주시면서 천국의 종류와 차원이 다른 천국을 여러 곳을 보여 주셨는데, 지옥도 마찬가지로 죄의 차원과 종류에 따라 천차만별의 지옥이 있나 보네요.

예수님: 그렇다. 사람으로서는 생각할 수 없고 한계를 뛰어넘는 무시무시한 지옥들이 아주 많단다. 너의 영이 깊어질수록 천국과 지옥도 더 깊은 곳을 보게 될 것이다. 단 한 번만이라도 보게 된다면, 아니 듣기만 하여도 하나님을 믿지 않을 수 없을 것이니라.

유혜은: 예수님 믿는 성도들에게 정신 똑바로 차리고 제대로 믿어야 한다고 전하겠습니다. 또 믿지 않는 영혼들에게도 우리를 구원하시는 예수님의 복음을 받아들여야 이 지옥에 오지 않는다고 전하겠습니다.

예수님: 그래. 지옥을 보느라 고생했다. 천국으로 올라가자.

유혜은: 네. 오늘 지옥에 온 자들을 보니 사람 목숨이 파리 목숨만도 못한 것 같아요.

예수님은 나를 데리고 빠른 속도로 천국에 올라왔습니다.

신앙생활을 중단하는 자들

예수님: 너를 세상에 보내기 전에 하나의 환상을 보여 주마.

그렇게 말씀하시자 땅에서부터 천국으로 올라오는 수천 개의 긴 계단이 눈앞에 펼쳐졌습니다.

유혜은: 무슨 계단이 이렇게 길고 종류가 많아요?

예수님: 성도들이 잠시 세상 살면서 하나님께 온전히 주일 성수하지 않거나 기도의 자리를 지키지 않을 때는 보는 바처럼 계단 중간이 빠지게 된단다. 예를 들어 예수를 잘 믿다가 중간에 신앙생활을 중단하는 성도들은 계단이 중간에 많이 빠져서 하나님께로 돌아와 회개하며 기도할 때 비로소 하나님의 은혜로 빠진 계단이 채워져 천국에 올라오게 되지.

유혜은: 그래서 예수님 믿었다가 지금은 떠나 있는 자들이 있다면 그들을 위해 많이 기도해야겠네요.

이윽고 사다리가 보였습니다. 처음에 사다리를 타고 올라간 것처럼 사다리로 내려오게 되었는데, 예수님과 함께 내려오는 사다리는 미끄럼틀을 타듯 즐겁게 내려올 수 있었습니다.

예수님: 오늘도 수고가 많았다. 이제 그대의 영혼이 기도하던 자리로 돌아가게 될 것인데 반드시 전해야 한다. 주님 앞에서 늘 살아야 한다는 것과 말하는 것, 행동하는 것, 마음속에서 생각하는 것조차 모두 주님 앞에서 해야 한다는 것을 꼭 전해 주기 바란다. 그리고 말씀을 믿는

다면 성령의 은사와 입신의 체험을 절대 무시하지 말 것을 전해 다오. 그것이 말씀을 제대로 아는 것이고 주님을 진정으로 아는 것이니라.

유혜은: 네. 예수님, 사랑합니다.

대답하고 자연스럽게 눈을 뜨게 되었는데, 나는 여전히 제자리에서 기도하고 있었습니다.

· ·

주를 두렵고 떨림으로 경외하지 않는 자들에게 반드시 회개하라고 말씀하신 것을 명심하여 전하겠습니다. 사랑하는 주님, 오직 주님만 경외합니다. 주님의 보혈의 능력과 권세가 제 머리부터 발끝까지 흐르게 하시옵소서! 거룩하신 예수님 이름으로 기도합니다. 아멘.

14장 불법을 행하는 자들은 죄의 길에서 돌이켜야 합니다

열네 번째 입신 | 2021년 8월 16일 월요일

기도하다가 방언으로 보혈 찬양을 서른 번 정도 불렀을 때입니다. 하나님의 임재하심이 느껴져서 눈을 감고 계속 찬양했습니다.

"성령이 계시네 할렐루야 함께하시네 좁은 길을 걸으며 밤낮 기뻐하는 것 주의 영이 함께함이라"

"그럼. 성령이 분명히 계시고 성도들 안에서 친히 간구할 바를 간구해 주고 계시느니라."

찬양하는 가운데 이런 음성이 들려왔습니다. 가만히 들으면서 누가 하는 말인지 주위를 둘러보니 이미 내가 천국에 와 있음을 알게 되었습니다.

예수님이 내 손을 잡아 주시며 "잘 왔노라" 말씀해 주셨습니다.

유혜은: 예수님, 오늘도 너무 보고 싶었습니다. 천국으로 오게 하시는 방법도 여러 가지이고 주님의 일하심은 상상을 할 수 없을 만큼 광대하네요. 모든 것은 주님의 주권이신 거죠?

예수님: 그렇단다. 네가 지인을 위해 중보기도하고 있었을 때 내가 너의 기도를 듣고 있었단다.

그렇게 말씀하시고는 하나의 환상을 보여 주셨습니다.

중보기도의 능력

유혜은: 저 환상은 제가 임신했을 때 꾸었던 꿈인데요? 아무것도 먹지 못하고 유산기가 있어 열 달 내내 누워만 있어야 했던 상황입니다. 교회 가서 예배드리고 싶은데 아무것도 할 수 없어서 "주님! 너무 외롭고 힘드네요. 주님이 저를 사랑하시고 계신 것과 저를 인도하고 계신 것을 알게 해 주세요"라고 기도하며 잠들었을 때 꿈에서 보여 주셨던 장면이네요.

내가 입신했을 때 임신 초기부터 조산기가 있어서 열 달 내내 누워 있었습니다. 철분을 전혀 먹지 못하는 특이 체질이어서 누워 있으면서 눈을 뜨면 철가루가 천장에서 내려오는 것이 보일 정도였습니다. 막달이 되어서는 혈색소 수치가 정상인 12g/dL의 절반밖에 되지 않는 상황이었습니다. 그때마다 주님은 꿈을 통해 나를 위로해 주셨는데, 그중 하나의 꿈이 바로 이 장면이었습니다.

꿈에서 내가 매우 캄캄한 곳에 서 있는데, 발걸음을 내딛지 못할 만큼 아무것도 보이지 않아서 꼼짝도 못 하고 있었습니다. 그때 멀리서 아기 천사들의 찬양을 듣게 되었고, 촛불처럼 희미한 불빛이 비춰는 것을 보게 되었습니다. 천사들이 점점 가까이 오는 것을 느끼자 찬양 소리도 더 크게 들렸고 희미했던 불빛도 밝게 보였습니다. 마침내 아기 천사들로 이루어진 찬양대가 내 앞을 지나가는데, 맨 뒤에 있던 아기 천사가 "저를 따라오세요"라고 했습니다. 하지만 한 발자국만 떼도 낭떠러지로 떨어질 것만 같아서 두려움에 떨다가 용기를 내어 아기 천사들을 따라갈 수 있었습니다. 함께 찬양을 부르면서 계속 따라가다 보니 어떤 환한 빛이 비취는 입구가 보였습니다.

그 장면들을 스크린 지나가듯 주님이 환상으로 보여 주셨습니다.

유혜은: 몇십 년 전의 꿈인데도 마치 어제 꾼 꿈처럼 생생하네요.

예수님: 영적인 것들은 언제나 생생하게 느껴진단다. 이 환상을 네게 다시 보여 주는 이유가 있다. 네가 중보기도를 할 때 기도가 필요한 자의 상태가 이처럼 캄캄한 상태에서 한 발자국만 디뎌도 낭떠러지로 떨어질 것만 같아 꼼짝 못 하는 상태에 있느니라.

유혜은: 네. 더욱 열심히 중보기도해야겠어요. 얼마나 두렵고 힘들까요?

예수님: 천사들과 주의 종과 지인들이 중보로 너를 도운 것처럼 너도 두려워하고 힘들어하는 자들을 위하여 기도해야 할 사명이 있다. 꿈에서 아기 천사들이 너를 환한 곳으로 인도하는 것처럼 중보기도자의 길을 걷고 있음을 잊지 마라.

유혜은: 주님 앞에서는 하나도 땅에 떨어지는 것이 없네요. 몇십 년 전 꿈도 주님은 잊지 않고 계시는군요. 정말 놀랍고 감사합니다.

예수님: 중보기도는 주께서 허락하시는 능력이 부어지는 참으로 소중한 기도란다. 중보기도자들의 기도를 주님이 기뻐하고 기뻐하신다.

낙태의 죄

주님은 세상에서 너무나 많은 사람들이 짓고 있는 죄를 보여 주셨습니다. 먼저 낙태 장면을 보여 주셨습니다.

유혜은: 수많은 태아들의 팔이 찢기고 머리가 잘려 나가고 몸이 조각조각 나

뉘어 버려지네요. 너무 가여워요.

예수님: 창세 전부터 인간을 창조할 때에는 주의 계획하심이 있었고, 창조되는 순간부터 그들의 영이 존재하고 있음을 모르는 사람들이 많단다. 성도들마저 그것을 모르는 자들이 많지. 결국 저 태아들은 세상의 빛을 보지 못했고, 그 영혼들은 울부짖고 있단다.

유혜은: 태아를 낙태하는 것에 대해 살인이라고 생각하지 않나 봐요. 맘이 너무 아프네요.

예수님: 어쩔 수 없이 한 낙태일지라도 반드시 낙태한 자들은 회개해야 하느니라.

이어 예수님은 우리나라의 위태로움을 보여 주셨습니다.

예수님: 이 나라를 위해 아직도 더 많은 중보기도자들이 일어나야 한다. 교회를 무너뜨리기 위해 침투하는 마귀의 전략과 계략을 훼파하기 위해 깨어 기도하는 자들이 더욱 많아져야 하리라.

유혜은: 주님! 이 나라와 민족을 불쌍히 여겨 주시고 더 많은 자들이 일어나 기도할 수 있도록 도와주세요.

예수님: 이 나라에서 많은 불법들이 행해지고 있구나. 너무 많은 불법이 일어나서 불법을 행하는 자신들도 불법을 인식하지 못하고 양심의 가책을 느끼지 못한단다.

그렇게 말씀하시면서 세상에서 행해지는 불법 가운데 하나를 보여 주셨습니다.

유혜은: 저도 미혹을 받은 적이 있는 것이네요. 음악을 전공하려는 자녀 때문에 돈이 너무 많이 들어서 저도 유혹을 느꼈습니다.

예수님: 성도들마저 사업을 한다는 이유로 아무런 양심의 가책 없이 불법을 행하기도 한단다.

유혜은: 자녀의 친구 부모는 교회의 장로와 권사인데 서류상으로 이혼한 후 많은 혜택을 누리고 있다고 들었습니다. 자녀가 저에게 유별나게 예수 믿는다고 투덜거리긴 했지만, 자녀에게 성공과 목적을 위해 수단과 방법을 가리지 않는 부모가 되고 싶지 않았어요.

예수님: 잘 참고 견뎠구나. 악행은 대를 이어가기도 한다. 당장 혜택을 보고 편히 살 수 있다고 해서 넓은 길을 택하는 자들은 반드시 그 대가를 치를 수밖에 없단다. 반드시 죄의 길에서 돌이키는 회개가 있어야만 하느니라. "사람이 무엇으로 심든지 그대로 거두리라"는 말씀처럼 불법을 행하는 자들은 기억하여 회개하고 불법을 멈추어야만 한다.

두 길

유혜은: 지금 세상에서 양궁 시합하는 것이 보여요. 오른편에는 '좁은 길을 가는 자'라는 팻말이 있고, 왼쪽에는 '넓은 길을 가는 자'라는 팻말이 있네요. 마귀들이 넓은 길을 가는 자들은 전혀 방해하지 않는데, 좁은 길을 가는 자들은 계속 방해하고 있어요.

예수님: 내가 "내 원대로 마시옵고 아버지의 원대로 되기를 원하나이다"라고 기도했던 걸 기억하느냐?

유혜은: 네. 주님께서 그러셨지요.

예수님: 하지만 많은 성도들이 자신의 뜻에 아버지의 뜻을 맞춰달라고 기도

하고 있구나! 오직 하나님의 뜻에 초점을 맞추어 온전히 순복하는 순간 겸손히 주를 섬길 수 있게 되는 것이고, 그때 생명의 면류관이 더욱 빛을 발하게 된단다.

유혜은: 오늘도 예수님의 말씀 하나하나 마음판에 새기고 말씀대로 살겠습니다.

예수님: 내가 골고다 언덕길을 오를 때 멘 십자가는 아주 무겁고 거칠었단다. 그래서 "나를 따라오려거든 자기를 부인하고 자기 십자가를 지고 나를 따를 것이라"고 한 것은 자아의 죽음이 없이는 절대로 질 수 없는 십자가이기 때문이다.

유혜은: 주님의 십자가를 생각하니 눈물이 나네요. 많은 사람들은 가볍고 빛나는 십자가를 생각하지요. 저도 그랬고요. 내 죄를 위해 십자가에 달려 못 박히신 주님을 사랑합니다.

늘 깨어 있으라

유혜은: 구름 타시고 나팔 불 때 다시 오실 주님을 사람들에게 전하겠습니다. 무엇보다 다섯 처녀처럼 기름을 준비하고 깨어 기도해야 한다고 전하겠습니다.

예수님: 네 기도가 깊어질수록 내가 보여줄 것과 말해 줄 것이 많아질 것이다. 늘 깨어서 하나님의 사랑의 불과 정결의 불 그리고 소멸의 불과 영광의 불을 달라고 기도해야 한다.

유혜은: 네. 예수님, 한 영혼이라도 더 천국으로 인도하여 주세요!

울며 기도하고 있는데 예수님의 손이 살포시 놓으시는 느낌이 들어 눈을 떴더니 내 영혼이 몸에 온전히 들어와서 열심히 기도하고 있었습니다.

. . . . ' . . . . ● . . . . .

주님만 홀로 영광 받으소서. 주의 영광을 제가 조금도 제 영광으로 취하지 않도록 도와주소서. 내 교만과 자랑과 욕심 그리고 나의 모든 자아를 오늘도 십자가 앞에 내려놓기 원합니다. 모든 것에 감사드리며, 예수 그리스도 이름으로 기도드립니다. 아멘.

15장 예수님은 다음 세대를 위한 중보기도자를 찾으십니다

열다섯 번째 입신 | 2021년 8월 18일 수요일

말씀을 읽고 기도하다가 환상이 열려 천국에 가게 됨

말씀을 읽고 열심히 기도하고 있는데 갑자기 환상이 열렸습니다. 말씀의 다림줄이 위에서부터 내려왔고, 나도 모르게 꽉 붙잡았습니다. 그러자 그 줄이 급속도로 하늘로 올라가더니 어느새 천국까지 오게 되었습니다. 예수님은 올라오기를 기다리신 것처럼 손을 내미시면서 "딸아, 내 손을 잡으렴" 하고 말씀해 주셨습니다.

유혜은: 예수님, 오늘도 감사드려요. 조금 전에 기도하고 있는데 주님이 환상을 보여 주셔서 천국에 오게 된 것이 참 신기해요. 주님 만나면 꼭 여쭤보고 싶은 것이 있었어요. 이전에 환상을 보여 주실 때 목사인 오빠와 캐나다에서 사모로 섬기고 있는 친언니 그리고 저 세 사람이 각각 다른 방향으로 서서 나팔을 부는 장면이 있었습니다. 제가 그 자리에 있는 게 너무 황송해서 주님께 여쭙고 싶었어요.

예수님: 네가 지금은 평신도일지라도 큰 사명을 감당할 자란다. 권사였던 어머니의 기도를 이어받아 주의 종과 여종을 위해 기도하고 그들과 함께 하나님의 영광과 그의 나라의 확장을 위해 쓰임을 받을 사람이란

다. 그래서 함께 복음의 나팔을 불고 있는 환상을 보여주었다.

유혜은: 저같이 부족한 자에게…. 너무나 고맙습니다. 늘 주님께 부르짖어 기도할 수 있도록 도와주세요.

예수님: 너는 늘 바나바 같은 사람이 되고 싶다고 기도하지 않았니? 너는 많은 영혼들을 위해 중보기도해야 하는 자이니라. 네가 나중에 주의 종과 여종과 함께 한 팀이 되어 전 세계의 믿지 않는 영혼들을 위하여 사역하게 될 날이 올 것이다. 말씀과 기도로 준비되기 위하여 깨끗한 그릇으로, 정결한 통로로, 주님의 거룩한 신부로 준비시켜 달라고 늘 성령님께 구하여야 한다.

유혜은: 온전히 주님만 바라보며 늘 중보기도에 힘쓰는 자가 되겠습니다.

예수님: 잘 보아라. 어떤 사람이 생각의 사로잡힘으로 인해 기도에 방해를 받고 있는 게 보이느냐?

유혜은: 네. 그의 주위에서 새파란 악어가 이를 갈고 있다가 입을 쫙 벌리면서 머릿속에 다른 생각을 잔뜩 집어넣고 기도를 방해하고 있는 게 보여요. 악한 영들의 공격이네요.

예수님: 이처럼 기도할 때 악한 영이 여러 가지 방법으로 기도하는 것을 방해하기 위해 매우 간교한 방법을 사용한단다.

유혜은: 성도들이 기도할 때 '피곤해서 기도가 안 되나?'라고 흔히 생각하잖아요? 악한 영들이 이렇게 끈질기게 공격하고 있는 것을 잘 몰랐군요. 그래서 늘 예수 이름으로 악한 영의 공격을 물리치는 기도를 해야겠네요.

예수님: 마귀와 사탄이 세상의 모든 영역에 침범하여 수없이 공격하고 있단다. 특히 문화적인 부분에서는 완전히 장악되었지. 저 장면을 보아라. 텔레비전의 광고에서부터 대중음악, 게임, 드라마, 영화 그리고

인터넷까지 많은 문화 영역들이 악한 영의 노리갯감으로 전락해 버렸구나.

유혜은: 맞아요! 사람들이 인식하지 못한 사이에 사단이 자신의 무기들을 넣어 놓았네요. 드라마와 영화에서는 동성애와 혼전 성관계가 당연시되고 있고, 아이들도 게임과 인터넷 및 영상 앱들을 통해 폭력적이고 성적인 콘텐츠에 무분별하게 노출되어 있어요. 교회학교의 학생들도 예외가 아니고요. 이 시대 악한 영들이 문화를 통해 그리스도인들을 무너뜨리고 있는 듯하네요.

예수님: 이 시대가 참으로 악할 뿐 아니라 다음 세대 또한 영적으로 마귀의 지배 아래 놓일까 걱정이구나!

유혜은: 이렇게 마귀가 대놓고 공격하고 있는데, 정작 교회학교에서는 이들을 말씀과 기도로 훈련시키고 섬겨 줄 사역자들이 많이 부족합니다.

예수님: 젊은이들이 최전방에서 마귀의 화살을 맞고 있는데 이들을 위해 방패가 되어 줄 바나바와 같은 이들이 너무나 부족하구나. 이들을 위한 중보기도도 부족하고 우리의 다음 세대를 어찌하면 좋을꼬! 마귀와 사탄의 교활한 전략에 속고 있음을 깨닫고 하나님의 전신 갑주로 무장하여 더욱 깨어 기도해야 할 때란다. 세상 문화에 젖어서 말씀을 등한히 여기는 어린 영혼들을 붙잡아 줄 인도자를 위하여 기도해야 하고, 하나님의 불꽃 같은 눈으로 지켜 달라고 부르짖을 중보기도자들이 필요하단다. 너무나 악한 시대이므로 성령의 능력이 젊은이들을 지키지 않으면 언제나 마귀가 그 영혼들을 채가려고 기회를 엿보고 있음을 반드시 기억하고 교회들이 교회학교와 젊은이들을 위해 기도할 것을 당부해 주어라.

주님이 이렇게 말씀하시는 가운데 또 하나의 장면이 펼쳐졌습니다.

유혜은: 조롱과 멸시를 모두 참아가며 골고다 언덕길을 오르시면서 채찍에 맞으실 때마다 주님의 살이 다 벗겨져 나가요. 주님 몸속에 있던 뼈가 보일 정도로 살이 다 찢겨 나가네요. 얼마나 아프셨을지…. 나와 우리의 죄를 대속해 주시려고 주님은 아픔과 수치를 참으셨네요. 예수님! 십자가에서 못 박히실 때 흘리신 피, 가시 면류관에서 흐르는 피, 나와 우리의 죄를 위해 십자가에서 흘리신 예수님의 피가 보여요. 너무 마음이 너무 아프네요.

그가 찔림은 우리의 허물 때문이요 그가 상함은 우리의 죄악 때문이라 그가 징계를 받으므로 우리는 평화를 누리고 그가 채찍에 맞으므로 우리는 나음을 받았도다 우리는 다 양 같아서 그릇 행하여 각기 제 길로 갔거늘 여호와께서는 우리 모두의 죄악을 그에게 담당시키셨도다(사 53:5-6)

예수님: 세상에서 벌어지고 있는 장면을 하나 더 보아라.
유혜은: 찬양하는 젊은이들이 보이네요. 그런데 이상한 음악을 자기들의 감정에 취해 부르고 연주를 하면서 주님께 찬양을 드린다고 하고 있어요.
예수님: 그렇다. 요즘 젊은이 가운데 많이 부르고 연주하는 찬양들에 대해 영적 분별이 필요하단다. 진실로 주를 찬양하는 노래인지, 마귀가 감정을 치고 들어와서 만들어진 노래인지 잘 분별해야 해. 어떠한 곡조와 리듬으로도 하나님을 찬양할 수 있지만, 말씀을 벗어나지 않았는지 주의 깊게 판단하고 불러야 한다. 그렇지 않으면 교회 안에

서 주의 보혈이 없는 이상한 노래들이 연주되고 악한 영들에게 이용될 수 있느니라.

유혜은: 정말 성도들이 깨어 있어야겠네요. 무엇보다 영적 분별을 위해 기도하라고 하신 말씀을 새기겠습니다.

예수님: 찬양은 곡조 있는 기도이므로 하나님이 기뻐하실 찬양인지 분별해야 하고, 찬양대와 찬양팀은 특히 레위 지파처럼 중요한 사명이 있음을 알고 말씀과 기도로 무장되어 예배로 들어가는 문 역할을 해야 한다는 걸 잊지 말아야 해.

악한 영과 타협한 자들의 지옥

예수님: 마지막 때에는 자기를 사랑하고 무정하며 선한 것을 좋아하지 않는다는 말씀을 기억하느냐?

유혜은: 네. 지금도 사람들의 마음이 무디어진 것 같아요. 불쌍하고 힘든 자를 보아도 긍휼과 연민의 마음을 느끼지 못하는 사람들이 많네요. 재림의 때가 가까울수록 더욱 그럴 것이라는 말씀이시지요?

예수님: 그렇다. 그런 자들이 가게 된 지옥, 회개하지 않아 떨어지는 지옥을 보여 주마.

나는 예수님의 손을 잡고 깊은 지옥으로 계속 내려갔습니다.

유혜은: 예수님! 지금까지 많이 내려왔는데, 더 내려가나요?

예수님: 이 지옥은 아주 깊은 곳에 있다. 하나님의 사랑과 정반대의 성품을 가진 자들이 가는 곳이기에 아주 깊고 음산하며 지옥 중에서도 처참한 곳이니라.

예수님이 말씀하신 대로 이제까지 본 지옥 가운데 가장 깊게 내려왔습니다. 이보다 더 음산할 수 없다고 느껴질 만큼 소름이 끼치는 지옥이었습니다.

유혜은: 이곳은 한겨울밤보다 더한 한기가 느껴지고 이미 제가 얼어 버린 것같은 처참함이 느껴지네요.

예수님: 이자들은 세상 살 때 이미 마귀의 것들이었단다. 이들은 하나님의 인침을 받은 성도들과 반대로 마귀의 표를 받은 자들이니라. 그래서 결코 악한 영과 타협을 해서는 안 된다. 작은 타협이 결국에는 모든 것을 내어주게 만들기 때문이야. 타협하는 순간 마귀에게 영혼을 파는 행위임을 꼭 명심해야 한다.

유혜은: 지금부터라도 절제하는 것에 대해 주님께 구해야겠다는 생각이 들어요. 조그마한 것부터 절제하지 않으면 악한 영과 대적할 때 쉽게 타협해 버리겠다는 생각이 드네요.

예수님: 그렇단다. 절제하며 경건의 훈련을 하는 자가 경건의 능력을 알게 될 것이다.

이번에는 예수님이 내 손을 잡고 아주 빠른 속도로 천국으로 올라왔습니다. 주님이 말씀하시길, 세상에는 아직도 세상에 한 발을 딛고 다른 한 발을 믿음에 걸친 자들이 너무나 많다고 하셨습니다. 목숨 걸고 온전히 주님께 나아오지 않으면 예수님의 거룩한 신부가 될 수 없다는 것을 성도들이 알아야 한다고 하셨습니다. 또 마귀와 타협하지 않고 신앙을 지켜내는 자에게는 주님이 예비하신 아름다운 보석과 비교할 수 없는 어마어마한 선물을 받게 될 것이라고 말씀해 주셨습니다.

주님은 성도 각 사람을 대하실 때마다 사람들 중 하나가 아니라 이 세상에 그 한 성도밖에 없는 것처럼 귀히 여긴다고 하셨습니다. 그래서 이 땅의 성도를 향해 잠시도 눈을 떼지 않고 소중하게 바라보고 계심을 말씀하셨습니다. 우리는 때로 주님을 바라보지 못하고 내 일이 바빠서 '주님 잠시만요'라고 말할 때도 있지만, 우리 주님은 마치 엄마가 자녀를 귀하게 얻어서 어찌할 바를 모르는 것처럼 이 땅의 성도들이 다칠까, 넘어질까 늘 염려하는 마음으로 바라보고 계신다고 말씀해 주셨습니다.

예수님: 사랑하는 딸아! 처음 천국에 왔을 때 말한 것을 기억하느냐?

유혜은: 그럼요. 예수의 피 묻은 참된 복음을 꼭 붙잡아야 한다고 하셨잖아요. 그리고 하나님의 마음과 사랑에 대해 갈급함으로 구해야 한다고 말씀하셨지요. 또 순교하는 심정으로 신앙을 잘 지켜내라고 하신 것을 제 마음판에 새기고 있습니다.

그렇게 대답하는 가운데 주님은 나라와 나라 사이에서 일어나는 전쟁을 보여 주셨습니다.

유혜은: 전쟁이 나서 많은 건물들이 무너지고 사람들이 피투성이가 되어 쓰러져 있네요.

예수님: 마귀는 늘 예수 믿는 성도들을 공격한단다. 세상에서 사는 삶 자체가 늘 영적인 공격을 받고 있는 것이지. 세상은 영적 전쟁터와 같느니라.

유혜은: 마귀가 늘 호시탐탐 노리며 공격한다는 말씀이신가요?

예수님: 그렇다. 틈만 보이면 성도들의 약점을 파고들어 쓰러뜨리려고 혈안

이 되어 있단다.

유혜은: 그럼 저희는 늘 깨어 말씀과 기도로 무장하고 있어야겠네요.

예수님: 삶 속에서 성품이 다듬어지지 않은 자를 더욱 많이 공격하고 그들을 이용해 교회를 어렵게 한단다. 예를 들어서 화를 낼 때마다, 거짓말 할 때마다, 교만하여 자랑할 때마다 마귀는 '너는 이제 내 밥이다'라 고 하면서 성도를 공격하지.

유혜은: 그래서 성령의 열매들을 맺으라고 하시는 거군요. 삶의 예배가 이루 어질 수 있도록 자아를 내려놓는 기도를 하고, 언제나 온유하고 겸 손하신 주님을 닮아가도록 하겠습니다.

예수님: 주의 종과 은사를 열어준 사역자들에게는 이런 부분이 더욱 중요하 지. 주님의 성품이 삶 가운데 드러나는 빛과 소금의 청지기는 하나 님을 기쁘시게 하고 많은 성도들에게 그리스도의 향기를 발한단다.

유혜은: 네. 꼭 명심하겠습니다.

예수님이 고개를 끄덕이셨습니다.

예수님: 잘했다. 사랑하는 딸아! 명심하길 바라고 세상에 가서 반드시 전해 주길 부탁한다.

유혜은: 네. 오늘도 귀한 은혜 주시고 많은 것들을 알게 해 주셔서 감사드립 니다.

예수님: 늘 기도의 자리를 지켜 주어 고맙구나. 기도의 자리가 나를 만날 수 있는 길임을 기억하렴. 나는 너뿐 아니라 나를 사랑하고 간절히 찾 는 모든 이들에게 천국의 비밀을 많이 알려주고 싶구나!

유혜은: 고마우신 예수님, 언제나 기도에 힘쓰고 늘 말씀의 다림줄만 잡고

있겠습니다. 그리고 항상 경건에 이르는 연습을 하도록 힘쓰겠습니다. 모든 것이 전적인 주님의 은혜임을 고백합니다.

예수님은 내가 잡은 말씀의 다림줄 위에 손을 포개어 얹으시고는 내가 기도하던 자리까지 함께 내려와 주셨습니다.

예수님: 사랑하는 딸아! 예수 이름으로 승리하기를 바란다.
유혜은: 네. 예수님, 사랑합니다.

나도 모르게 "사랑합니다 나의 예수님 사랑합니다 아주 많이요" 하고 찬양하다가 눈을 뜨게 되었습니다. 기도하고 있던 자리에서 두 손을 번쩍 들고 주님께 사랑 고백의 찬양을 드리고 있었습니다.

· ·

언제나 옳으신 하나님! 지금도 살아 계셔서 역사하시는 하나님! 주님만 경배를 받으시고 홀로 높임을 받으시옵소서. 모든 것의 주인 되시는 예수님만 영광 받으시길 원합니다. 존귀하고 거룩하신 예수님의 이름으로 기도드립니다. 아멘.

입신할 때마다 느끼는 것이지만, 약 15~20분 정도였고 길게 잡아도 30분 정도 다녀온 것 같은데 실제로는 한 시간 반에서 두 시간이 넘었습니다. 하나님의 시간과 우리의 시간 개념이 정말 다르다는 것을 이해했습니다.

강대상에서 찬양하다가 입신하다

강대상에서 연약한 지체들을 위해 중보기도를 하다가 기도가 끝날 즈음에 나도 모르게 "나는 구원 열차 올라타고서 하늘나라 가지요" 하고 주일학교 때 열심히 불렀던 찬양을 흥얼거리고 있었습니다. 금요일 정금기도회 때 하나님의 사랑을 알고 싶다고 기도했을 때 보여 주셨던 구원 열차 타고 천국을 여행하는 환상이 다시 보였습니다. 구원 열차를 타고 천국으로 올라가는데, 예수님이 아름다운 곳들을 보여 주시고 설명해 주셔서 입신의 은혜를 주신 것임을 알게 되었습니다.

도무지 쳐다볼 수 없는 하나님의 영광

유혜은: 예수님, 너무 행복해요! 천국은 정말 기쁨이 넘치는 곳이에요!

예수님: 그래. 오늘은 구원 열차를 타고 왔으니 천국의 전체 모습을 보여
　　　　주마.

유혜은: 정말이요? 와, 천국의 크기가 어마어마하고 휘황찬란하네요.

예수님: 저 한가운데 있는 하나님의 보좌가 보이느냐?

유혜은: 네. 너무 눈이 부셔서 제대로 볼 순 없지만, 하나님의 보좌 주변 전체
　　　　가 영광의 빛으로 둘러싸여 있어요.

　　나는 말을 하면서도 그냥 서 있을 수 없어서 하나님의 영광의 빛 앞에
무릎을 꿇고 주님께 경배드릴 수밖에 없었습니다.

가장 큰 상급은 순교와 전도

예수님: 하나님의 보좌에서는 천국의 모든 곳뿐만 아니라 세상의 모든 곳을
　　　　볼 수 있단다.

유혜은: 그래서 하나님 앞에서는 감추어질 것이 하나도 없다고 말씀하시는
　　　　거군요.

예수님: 그렇단다. 상급 중에서 가장 큰 상급이 무엇인 줄 아니?

유혜은: 순교는 가장 고귀한 것이라 하셨고, 상급 중에서라면 전도인가요?

예수님: 맞다! 헌신과 기도 등도 모두 큰 상급이지만 전도가 가장 큰 상급이
　　　　란다. 전도의 상급을 준비해 놓은 방이 있는데, 함께 가보자.

유혜은: 우와! 세상에서는 볼 수 없는 아름다운 색깔로 반짝이는 멋진 보석
　　　　들…, 세상의 어떤 말로도 표현할 수가 없네요.

예수님: 그 귀한 전도로 인해 지옥 갈 영혼이 천국으로 인도되는데, 얼마나
　　　　귀한 상급이더냐!

유혜은: 그렇군요. 한 영혼을 사랑하시는 주님은 전도로 인하여 구원받는 영

혼이 생길 때마다 정말 기쁘시겠어요?

예수님: 많은 영혼들이 전도되어 구원받는 백성의 수가 날마다 늘었으면 좋
겠구나!

유혜은: 네. 주님! 저도 열심히 전도할게요. 또 성도들에게도 전도에 힘쓰라
고 꼭 전하겠습니다.

예수님: 너에게 보여 줄 성도가 있단다.

유혜은: 누군데요?

7년 전에 죽은 친구를 천국에서 만나다

깜짝 놀라 예수님께 여쭤보았습니다. 그리고 오랜만에 헤어진 친구를
만나게 되었습니다. 친구는 7년 전 암으로 세상을 떠난 친구였습니다.

유혜은: 어? 은수야! 천국에서 너를 만나다니…. 너무 고마워!

친구: 성도님, 잘 오셨어요. 이 천국에서는 친구나 가족 개념이 없고 모두 성
도입니다. 세상에서 어렸을 적에 성도님이 저를 전도하여 제가 예수
님을 믿게 되었습니다.

예수님: 네가 전도하고 교회로 인도하여 양손으로 붙잡고 내 앞으로 나아오
게 한 친구들 중 한 명이다.

유혜은: 제가 전도하긴 한 것 같은데 이 성도님을 전도한 것까진 기억이 안
났어요. 참으로 감사합니다. 지난번에 입신했을 때 제 친구를 지옥
에서 만났는데, 그땐 제 마음이 너무 힘들었어요. 그런데 오늘은 주
님이 이 성도님을 만나게 해 주셔서 힘든 마음을 위로해 주시니 참
고맙습니다.

아브라함과의 대화

이번에는 주님께서 아브라함을 만나게 해 주셨습니다.

유혜은: 아브라함 님! 너무 반갑습니다, 믿음의 조상 아브라함 님을 만나면
　　　　물어보고 싶은 것이 있었어요.

아브라함: 네. 성도님! 말씀해 보세요.

유혜은: 하나님이 이삭을 바치라고 하셨을 때 어떻게 어렵게 얻은 귀한 아들
　　　　을 바칠 수 있으셨나요? 저도 아주 어렵게 자녀 한 명을 주님께 선물
　　　　로 받았는데, 전 도무지 그렇게 할 용기조차 나지 않았을 것 같아요.

아브라함: 모든 것이 주님의 것이니까요! 저도 성도님처럼 어렵게 얻은 아들
　　　　이삭을 처음부터 드리기는 쉽지 않았지요. 하지만 주신 이도 주님이
　　　　시요, 거두신 이도 주님이십니다. 모든 주권은 주님께 있고, 모든 것
　　　　이 주님의 것입니다. 드릴 수 있는 믿음 또한 주님이 제게 주셨기에
　　　　순종할 수 있었습니다.

유혜은: 저도 큰 믿음의 사람이 되고 싶어요. 아브라함 님처럼 믿음으로 순
　　　　종하는 사람이 되고 싶습니다.

아브라함: 네. 성도님! 끝까지 승리하시기를 천국에서 기도하겠습니다.

유혜은: 감사해요. 아브라함 님!

예수님은 흐뭇하게 나를 바라보시면서 무언가를 보여 주셨습니다. 가
만히 보니 생명의 면류관이었는데, 한 사람 한 사람의 이름이 모두 적혀
있었습니다.

유혜은: 예수님! 저도 겸손하게 주의 발자취를 따라 주님 뜻대로 살다가 변

하지 않는 믿음으로 이 좋은 천국에 와서 제 이름이 적힌 면류관을 받게 해 주세요.

예수님: 그래. 변하지 않는 믿음으로 사명을 잘 감당하고 와야 하느니라.

유혜은: 네. 예수님, 사랑하고 찬양합니다.

다시 보는 백보좌 심판대

예수님은 또 다른 곳을 보게 해 주셨습니다. 이전에 보았던 백보좌 심판대였습니다.

유혜은: 주님, 백보좌 심판대를 이전에 봤음에도 여전히 두렵고 떨리네요.

예수님: 이 심판대는 믿는 자든 믿지 않는 자든 피해 갈 자는 아무도 없느니라. 천국을 오는 자든 지옥에 떨어지는 자든 이곳에 반드시 서야 하고, 그들의 모든 행위는 하나도 숨김없이 드러나게 된단다.

백보좌 심판대를 바라보며 멀리 서 있었는데, 지금 죽음을 맞이한 자들이 심판대 앞에 서 있었습니다. 죽는 순간 천국을 가는 성도들은 천사의 안내를 받아 오른쪽의 원형같이 생긴 곳에 서 있었고, 왼쪽에는 예수를 믿지 않고 끝까지 복음을 거부하던 자들이 서 있었습니다. 지옥으로 떨어지는 자들은 죽는 순간에 마귀가 그 영혼을 향해 "넌 이제 내 밥이다! 이놈아!"라고 일갈하면서 끌고 왔습니다.

두 폐암 환자의 영원한 운명

예수님이 그 순간을 잠시 보여 주셨습니다. 폐암을 앓고 있던 환자가 끝까지 예수님을 부인하다가 마귀가 데리러 온 것을 보자마자 가기 싫어서 얼굴을 찡그리며 안 가려고 발버둥을 칩니다. 그러나 마귀는 인정사정 없이 그 영혼을 마구 잡아서 끌고 올라오고 있었습니다. 천사의 안내를 받아 올라온 성도 역시 폐암을 앓고 있었습니다. 하지만 죽음 직전에 천사가 데리러 온 것을 보면서 행복한 미소를 지었고, 천사들의 보호 아래 올라오게 되었습니다.

천국으로 올라가는 성도도, 지옥으로 떨어지는 영혼도 자신이 지은 죄가 필름처럼 심판대 앞에서 모두 드러나고 있었습니다. 죄를 회개하며 살았던 성도는 주님의 은혜로 죄사함을 받았지만, 지옥으로 끌려가는 영혼은 자신이 지은 죄가 낱낱이 드러나자 어찌할 바를 모르고 있었습니다. 드디어 백보좌 심판대 앞에서 심판이 결정되었습니다.

오른쪽에 있던 성도는 "천국으로 올라가라"라고 결정이 되자 아주 건강하고 제일 예쁘던 나이로 돌아가서 천사가 새하얀 옷을 입혀 주자 천국으로 올라갔습니다. 왼쪽에 서 있던 영혼은 "지옥으로 떨어져라"라고 집행 명령이 내려지자 지옥으로 떨어지기 전인데 벌써부터 마귀들이 신이 나서 그 영혼을 창과 칼로 찌르고 괴롭히면서 거칠게 다루더니 지옥으로 끌고 갔습니다. 그 광경을 보고 있노라니 만감이 교차했습니다.

'사람들이 이 무서운 심판대가 있다는 사실을 알아야 하는데…. 한 영혼이라도 천국에 가야 하는데….'

네가 본 것을 반드시 전하거라

예수님: 사랑하는 딸아! 네가 본 것을 그대로 꼭 전해야 하느니라!

그러시고는 다시 내 손을 꼭 붙잡고 지옥으로 데려가셨습니다. 어딘가에 도착하자 예수님이 말씀하셨습니다.

부자의 비참한 모습

예수님: 저자가 거지 나사로에게 야박하게 대했던 바로 그 부자이니라.

예수님이 말씀을 마치자마자 부자라는 사람이 내게 "물 한 모금만 주시오. 제발 한 방울만이라도 주시오"라고 애걸했습니다. 천국과 지옥의 가장 큰 차이점은 빛과 어두움입니다. 그리고 천국에는 생명수가 넘쳐나지만, 지옥에는 물 한 방울도 없다는 것입니다. 예전에 기도할 때 주님이 보여 주신 환상에서 천국에 갔는데, 지옥에 있는 부자가 거지 나사로에게 물 좀 달라고 천국을 바라보며 간청하던 모습이 떠올랐습니다. 그런데 이렇게 지옥에 와서 직접 내게 물 한 방울만이라도 달라고 하는 부자의 처절한 모습을 보게 되었습니다. 부자의 비참한 모습을 보면서 '정말 한 영혼이라도 지옥에 오면 안 되겠구나'라는 생각이 절로 났습니다.

예수님이 "이제 가자" 하셔서 예수님을 따라갔지만, 부자의 "물 한 방울만"이라는 외침이 귀에서 떠나지 않았습니다. 물 한 방울도 없는 지옥은 정말로 끔찍했습니다.

교회에 나가는 아내와 자녀를 핍박한 자의 형벌

이번에 도착한 지옥에서는 마귀가 어떤 자의 살을 마구 찢어서 태우고 또 찢어서 불에 태우는 지옥이었습니다. 비명과 함께 살이 타는 냄새가 아주 역겹게 느껴지고 있었는데, 예수님은 형벌을 받는 사람이 세상에서 어떠한 삶을 살았는지 잠시 보게 해 주셨습니다.

그는 아내와 딸이 교회 간다는 이유로 화를 내면서 성경책을 갈기갈기 찢어서 불태우는 장면이 보였습니다. 그 순간 '세상에서 자기가 괴롭힌 대로 지옥에 떨어져서도 똑같이 괴롭힘을 당하는구나'라는 생각이 들었습니다. 그럼에도 그는 끝까지 저주를 퍼부었습니다.

남자: 왜 내 살을 갈기갈기 찢어서 태우는 거야? 내가 찢은 건 살이 아니라 종이로 된 성경을 찢었을 뿐인데…! 이 벼락 맞을 것들아!

성도들을 욕했던 자들의 형벌

예수님이 "이제 다른 곳으로 가자" 하시면서 내 손을 잡고 더 깊은 지옥으로 내려가셨습니다. 무슨 소리가 들려왔습니다.

"미친 예수쟁이들! 이 거지 같은 개독교!"

이곳은 예수님을 믿는 자들을 욕하고 저주했던 자들이 모여 있는 곳이었습니다. 아주 징그럽게 생긴 마귀들이 벌떼같이 몰려들어 그들의 혀를 잡고 빼버리면서 "놀고 있네. 이 미친것들아! 너희가 속은 것도 모르는구나!" 하면서 조롱하고 있었습니다. 마귀들은 그들이 예수를 모욕한 것보다 몇백 배로 되갚아 모욕을 주면서 무서운 형벌을 계속하고 있었습니다.

돈만을 위해 살았던 자들의 형벌

또 어느 곳에서 비명 소리가 들려와 그곳을 바라보게 되었습니다. 썩은 음식과 명품의 가방과 옷들, 고급스러운 가구들, 멋진 차들이 가득한 곳이었습니다. 그런데 이 수많은 것들이 사람들을 짓눌러 납작하게 만든 후 마귀들이 또 몰려와서 더 눌러 형체가 사라지게 만들면서 신나게 웃었습니다. 그리고 다시 사람의 형체가 살아나자 똑같은 고통을 반복해서 가하고 있었습니다.

유혜은: 이 자들은 세상에서 어떻게 살았길래 이런 지옥에 온 건가요?

그러자 예수님은 내게 이자들이 세상에서 살아온 모습을 환상으로 보여 주셨습니다. 이 자들은 돈만을 위하여 살아왔고, 많은 돈을 흥청망청 자신을 위해서만 썼습니다. 긍휼과 자비의 마음이 하나도 없었고, 바로 앞에서 굶어 죽어가는 사람이 있어도 음식을 주는 게 아까워 썩혀 버리기도 했습니다. "나를 이렇게 최고로 행복하게 해 주는 돈이 있는데, 예수를 왜 믿어?" 이렇게 말하면서 사람들을 무시하고 많은 돈들로 인해 말로 표현하기 어려울 정도로 죄를 지은 자들이었습니다.

예수님: 미련하고 미련한 자들이여!

유혜은: 돈 버는 것이 나쁜 것은 아니죠? 저자들은 예수님을 몰랐기 때문에 돈을 버는 목적도 몰랐고, 그 많은 돈을 어떻게 써야 할지도 모른 채 돈이 올무가 되어 영혼이 비참하게 되었네요.

돈에 대한 예수님의 가르침

예수님: 하나님의 영광과 그 나라의 확장을 위해 돈을 버는 것은 선한 의도이다. 그것을 물질의 통로로 여겨 귀히 쓰임 받은 자도 많단다. 돈 때문에 이 지옥에 떨어진 자들이 만약 올무가 되었던 돈이 없었다면 주님을 찾았을지도 모른다. 하지만 이 돈이 그들의 영혼을 망쳤구나!

이렇게 말씀하신 후 나의 손을 잡고 천국으로 올라왔습니다.

유혜은: 예수님, 저 또한 욕심과 허영심에 빠지지 않게, 안목의 정욕과 탐심에 빠지지 않게 도와주세요!

예수님: 육신의 옷을 입고 사는 날은 점과 같이 아주 잠깐이란다. 주님이 입혀 주시는 새하얀 옷을 입고 영원히 사는 것을 사람들이 믿는다면 절대 함부로 살지도 못하거니와 더군다나 나를 거부하지 못할 것이다. 세상 사는 동안 사람들의 의지로 복음을 받아들이느냐, 받아들이지 않느냐에 따라 영원의 세계가 두 길로 나뉠 것이니라.

유혜은: 어렸을 적 보았던 표어가 갑자기 생각이 나네요. 성령 운동을 이끌었던 최봉석 목사나 은사 사역을 펼쳤던 김익두 목사가 '예수 천국! 불신 지옥!'을 외치며 수많은 사람을 전도했는데, 이 간단 명료한 네 단어가 영원에서의 두 갈래를 결정짓게 만드는 것이네요.

예수님: 그래. 반드시 전하거라! 아무리 세상이 뒤집어지고 혼탁해진다 해도 '예수 천국! 불신 지옥!' 이것은 변하지 않는 진리라는 것을 네가 반드시 전해 주길 부탁한다. 지금 세상은 이 네 단어를 비호감이라고 표현할지라도 진리는 결코 변하지 않았고, 여전히 '예수 천국! 불신 지옥!'은 누구도 부인할 수 없는 사실임을 전해 주어라.

유혜은: 네. 예수님 반드시 전하겠습니다.

예수님: 사랑하는 딸아! 오늘도 고생했구나. 기도의 자리를 지켜 주고 있는 것에 대해 고맙고 고맙구나!

유혜은: 예수님! 찬양하고 찬양합니다.

이렇게 감사의 기도를 드리고 있는데, 예수님은 구름 위에서 나의 손을 잡고 서 계셨습니다.

유혜은: 예수님! 사랑하고 사랑합니다.

다시 감사의 기도를 드리는 순간 내가 기도하던 자리에 와 있음을 느낄 수 있었습니다. 예수님과 함께 있는 시간이 너무 행복해서 눈을 뜨지 않은 채 예수님께 인사를 드리며 계속 손을 흔들었습니다.

• • • • • • • • • • • • • • ' • ✓ • • ● • • • •

저를 주님의 도구로 마음껏 써 주세요. 권세 있고 능력 있는 예수님의 이름으로 기도드립니다. 아멘.

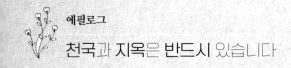

에필로그

천국과 지옥은 반드시 있습니다

열여섯 번이나 천국과 지옥을 보고 난 후 나는 크고 위대하신 하나님 앞에 티끌보다 더 작은 자라는 생각밖에 들지 않습니다. 천국과 지옥 체험 이후에는 말 한마디, 작은 행동 하나에도 하나님을 기쁘시게 하는 길이 무엇일까를 생각하게 되었고, 예전과는 달리 두렵고 떨림으로 주님을 경외하게 되었습니다.

주님의 은혜가 없었다면 지금 이 세상에 없었을 나이기에 하나님의 은혜가 너무 크고 한없는 사랑에 감히 어떤 말도 할 수 없는 자임을 고백하게 됩니다. 내가 주님의 은혜와 사랑에 조금이라도 보답하기 위해서 이렇게 간증을 하지 않을 수 없었고, 주님께서 전하라고 하신 것에 대해 순종하기 위하여 이렇게 반응할 수밖에 없었습니다.

주님이 보여 주신 천국과 지옥에서의 장면 가운데 악한 영들이 얼마나 많은 영혼들을 지옥으로 끌고 가려고 하는지를 보았습니다. 마귀에게 끌려가는 영혼들을 바라보며 주님이 얼마나 많은 눈물을 흘리시는지 나의 눈으로 목도했습니다. 그래서 이 천국과 지옥에 대한 간증을 전하지 않을 수 없었습니다.

이 책을 마무리하면서 독자들이 마음에 새기기를 바라며 드리고 싶은 이야기가 있습니다. 교회 안에 있는 신자들 중에서도 자신들이 넓은 길을 걷다가 지옥으로 떨어지는 줄도 모른 채 살아가는 사람들이 너무나 많다는 사실입니다. 그중 한 명이 나일 수도 있다는 것을 두려워하면서 자신의 신앙을 늘 점검해야 합니다.

주님이 다시 오실 재림의 날이 가까이 오고 있는데, 말씀과 기도로 깨어 있어야만 합니다. 이 책을 읽는 독자들 가운데 단 한 명의 낙오자도 없이 모두 알곡이 되어 천국 잔치에 함께 참여하기를 간절히 부탁드립니다.

나는 주님이 그저 온유하고 인자하신 분인 줄로만 알았는데, 예수님이 그렇게 눈물이 많으신 분인지 몰랐습니다. 한 영혼 한 영혼을 귀하게 여기시는 줄 알고는 있었지만, 마귀들이 한 영혼을 지옥으로 끌고 갈 때마다 그렇게 눈물을 쏟으시는 모습을 보면서 정말 놀랐습니다. 그래서 더더욱 깨어 기도하며 기름을 준비하는 슬기로운 다섯 처녀를 생각하게 됩니다.

사랑하는 독자 여러분! 마귀가 우는 사자 같이 삼킬 자를 찾아다니고 있는 이때 참으로 깨어 있어야 합니다. 그래야 주님의 눈에 핏방울이 맺히지 않을 수 있습니다. 영원히 살 것 같은 이 세상은 영원에 비하면 단 하나의 점에 불과합니다. 단 한순간이라도 마귀에게 마음을 빼앗기지 않도록 주님만 바라봐야 합니다. 우리가 살아 있는 동안에만 회개할 수 있는 기회가 있습니다. 하지만 인간의 호흡이 멎는 순간 우리는 천국 아니면 지옥으로의 길이 정해질 것입니다.

사랑하는 독자 여러분!

예수님의 십자가 죽음이 헛되지 않도록, 많은 순교자들의 핏값이 헛되지 않도록 우리 모두 예수님의 손을 꼭 붙잡고 천국 가기를 바랍니다. 그리고 주님이 다시 오실 때까지 천국과 지옥은 반드시 존재한다는 것과 우리의 구세주이신 예수 그리스도를 전하는 삶을 살아가시기를 간곡히 당부드립니다.

"내 아버지 집에 거할 곳이 많도다 그렇지 않으면 너희에게 일렀으리라 내가 너희를 위하여 거처를 예비하러 가노니" – 요한복음 14:2

"기록된 바 하나님이 자기를 사랑하는 자들을 위하여 예비하신 모든 것은 눈으로 보지 못하고 귀로 듣지 못하고 사람의 마음으로 생각하지도 못하였다 함과 같으니라" – 고린도전서 2:9

"그러나 우리의 시민권은 하늘에 있는지라 거기로부터 구원하는 자 곧 주 예수 그리스도를 기다리노니" – 빌립보서 3:20

"또 내가 보매 거룩한 성 새 예루살렘이 하나님께로부터 하늘에서 내려오니 그 준비한 것이 신부가 남편을 위하여 단장한 것 같더라 내가 들으니 보좌에서 큰 음성이 나서 이르되 보라 하나님의 장막이 사람들과 함께 있으매 하나님이 그들과 함께 계시리니 그들은 하나님의 백성이 되고 하나님은 친히 그들과 함께 계셔서 모든 눈물을 그 눈에서 닦아 주시니 다시는 사망이 없고 애통하는 것이나 곡하는 것이나 아픈 것이 다시 있지 아니하리니 처음 것들이 다 지나갔음이러라" – 요한계시록 21:2-4

"만일 땅에 있는 우리의 장막 집이 무너지면 하나님께서 지으신 집 곧 손으로 지은 것이 아니요 하늘에 있는 영원한 집이 우리에게 있는 줄 아느니라" – 고린도후서 5:1

"그들이 이제는 더 나은 본향을 사모하니 곧 하늘에 있는 것이라 이러므로 하나님이 그들의 하나님이라 일컬음 받으심을 부끄러워하지 아니하시고 그들을 위하여 한 성을 예비하셨느니라" – 히브리서 11:16

"우리가 여기에는 영구한 도성이 없으므로 장차 올 것을 찾나니"
– 히브리서 13:14

"이는 하늘이 땅보다 높음 같이 내 길은 너희의 길보다 높으며 내 생각은 너희의 생각보다 높음이니라" – 이사야 55:9

"죽은 자의 부활도 그와 같으니 썩을 것으로 심고 썩지 아니할 것으로 다시 살아나며" – 고린도전서 15:42

"스데반이 성령 충만하여 하늘을 우러러 주목하여 하나님의 영광과 및 예수께서 하나님 우편에 서신 것을 보고" – 사도행전 7:55

"우리가 잠시 받는 환난의 경한 것이 지극히 크고 영원한 영광의 중한 것을 우리에게 이루게 함이니" – 고린도후서 4:17

"내가 그들에게 영생을 주노니 영원히 멸망하지 아니할 것이요 또 그들을 내 손에서 빼앗을 자가 없느니라" – 요한복음 10:28

"그리스도께서는 참 것의 그림자인 손으로 만든 성소에 들어가지 아니하시고 바로 그 하늘에 들어가사 이제 우리를 위하여 하나님 앞에 나타나시고"
– 히브리서 9:24

"그 성은 해나 달의 비침이 쓸 데 없으니 이는 하나님의 영광이 비치고 어린 양이 그 등불이 되심이라" – 요한계시록 21:23

"사랑하는 자들아 우리가 지금은 하나님의 자녀라 장래에 어떻게 될지는 아직 나타나지 아니하였으나 그가 나타나시면 우리가 그와 같을 줄을 아는 것은 그의 참모습 그대로 볼 것이기 때문이니" – 요한일서 3:2

"또 내가 보좌들을 보니 거기에 앉은 자들이 있어 심판하는 권세를 받았더라 또 내가 보니 예수를 증언함과 하나님의 말씀 때문에 목 베임을 당한 자들의 영혼들과 또 짐승과 그의 우상에게 경배하지 아니하고 그들의 이마와 손에 그의 표를 받지 아니한 자들이 살아서 그리스도와 더불어 천 년 동안 왕 노릇 하니"
– 요한계시록 20:4

"오직 너희를 위하여 보물을 하늘에 쌓아 두라 거기는 좀이나 동록이 해하지 못하며 도둑이 구멍을 뚫지도 못하고 도둑질도 못하느니라" – 마태복음 6:20

"또 그가 수정 같이 맑은 생명수의 강을 내게 보이니 하나님과 및 어린 양의 보좌로부터 나와서 길 가운데로 흐르더라 강 좌우에 생명나무가 있어 열두 가지 열매를 맺되 달마다 그 열매를 맺고 그 나무 잎사귀들은 만국을 치료하기 위하여 있더라 다시 저주가 없으며 하나님과 그 어린 양의 보좌가 그 가운데에 있으리니 그의 종들이 그를 섬기며 그의 얼굴을 볼 터이요 그의 이름도 그들의 이마에 있으리라 다시 밤이 없겠고 등불과 햇빛이 쓸 데 없으니 이는 주 하나님이 그들에게 비치심이라 그들이 세세토록 왕 노릇 하리로다"
– 요한계시록 22:1-5

**16번의 입신으로 하나님 나라를
직접 본 중보기도자의 증언**

천국과 지옥, 반드시 있습니다

초판 1쇄 인쇄 2023년 3월 15일
초판 1쇄 발행 2023년 3월 30일

지은이 유혜은
펴낸이 조현철
펴낸곳 카리스
출판등록 2010년 10월 29일 제406-2010-000097호
주소 경기도 파주시 청석로 300, 924-401
전화 031-943-9754
팩스 031-945-9754
전자우편 karisbook@naver.com
총판 비전북 (031-907-3927)

값 13,000원

© 유혜은, 2023

ISBN 979-11-86694-15-2 03230